Kohlhammer

Die Autoren

Dr. phil. **Nicolas Arnaud**, Dipl.-Psych., ist Wissenschaftler am Deutschen Zentrum für Suchtfragen des Kindes- und Jugendalters (DZSKJ) am Universitätsklinikum Hamburg-Eppendorf (UKE).

Prof. Dr. med. **Rainer Thomasius** ist Ärztlicher Leiter des DZSKJ sowie des Bereichs Suchtstörungen an der Klinik für Kinder- und Jugendpsychiatrie, -psychotherapie und -psychosomatik am UKE. Er ist Vorsitzender der Gemeinsamen Suchtkommission der kinder- und jugendpsychiatrischen Fachgesellschaft und Verbände (DGKJP, BAG KJPP, BKJPP) und Präsident der Deutschen Gesellschaft für Suchtforschung und Suchttherapie.

Die Forschungsschwerpunkte des DZSKJ reichen von der Untersuchung der grundlegenden Ursachen für Suchtgefährdung und -entstehung bis zur Entwicklung innovativer Methoden der Prävention, Früherkennung und Frühintervention bei Suchtmittelkonsum und -missbrauch einschließlich der Behandlung von Suchtgefährdung und Suchtstörung im Kindes- und Jugendalter.

Nicolas Arnaud
Rainer Thomasius

Substanzmissbrauch und Abhängigkeit bei Kindern und Jugendlichen

Verlag W. Kohlhammer

Dieses Werk einschließlich aller seiner Teile ist urheberrechtlich geschützt. Jede Verwendung außerhalb der engen Grenzen des Urheberrechts ist ohne Zustimmung des Verlags unzulässig und strafbar. Das gilt insbesondere für Vervielfältigungen, Übersetzungen und für die Einspeicherung und Verarbeitung in elektronischen Systemen.

Pharmakologische Daten verändern sich ständig. Verlag und Autoren tragen dafür Sorge, dass alle gemachten Angaben dem derzeitigen Wissensstand entsprechen. Eine Haftung hierfür kann jedoch nicht übernommen werden. Es empfiehlt sich, die Angaben anhand des Beipackzettels und der entsprechenden Fachinformationen zu überprüfen. Aufgrund der Auswahl häufig angewendeter Arzneimittel besteht kein Anspruch auf Vollständigkeit.

Die Wiedergabe von Warenbezeichnungen, Handelsnamen und sonstigen Kennzeichen berechtigt nicht zu der Annahme, dass diese frei benutzt werden dürfen. Vielmehr kann es sich auch dann um eingetragene Warenzeichen oder sonstige geschützte Kennzeichen handeln, wenn sie nicht eigens als solche gekennzeichnet sind.

Es konnten nicht alle Rechtsinhaber von Abbildungen ermittelt werden. Sollte dem Verlag gegenüber der Nachweis der Rechtsinhaberschaft geführt werden, wird das branchenübliche Honorar nachträglich gezahlt.

Dieses Werk enthält Hinweise/Links zu externen Websites Dritter, auf deren Inhalt der Verlag keinen Einfluss hat und die der Haftung der jeweiligen Seitenanbieter oder -betreiber unterliegen. Zum Zeitpunkt der Verlinkung wurden die externen Websites auf mögliche Rechtsverstöße überprüft und dabei keine Rechtsverletzung festgestellt. Ohne konkrete Hinweise auf eine solche Rechtsverletzung ist eine permanente inhaltliche Kontrolle der verlinkten Seiten nicht zumutbar. Sollten jedoch Rechtsverletzungen bekannt werden, werden die betroffenen externen Links soweit möglich unverzüglich entfernt.

1. Auflage 2019

Alle Rechte vorbehalten
© W. Kohlhammer GmbH, Stuttgart
Gesamtherstellung: W. Kohlhammer GmbH, Stuttgart

Print:
ISBN 978-3-17-032309-4

E-Book-Formate:
pdf: ISBN 978-3-17-032310-0
epub: ISBN 978-3-17-032311-7
mobi: ISBN 978-3-17-032312-4

Geleitwort der Reihenherausgeber

Die Entwicklungen der letzten Jahrzehnte im Suchtbereich sind beachtlich und erfreulich. Dies gilt für Prävention, Diagnostik und Therapie, aber auch für die Suchtforschung in den Bereichen Biologie, Medizin, Psychologie und den Sozialwissenschaften. Dabei wird vielfältig und interdisziplinär an den Themen der Abhängigkeit, des schädlichen Gebrauchs und der gesellschaftlichen, persönlichen und biologischen Risikofaktoren gearbeitet. In den unterschiedlichen Alters- und Entwicklungsphasen sowie in den unterschiedlichen familiären, beruflichen und sozialen Kontexten zeigen sich teils überlappende, teils sehr unterschiedliche Herausforderungen.

Um diesen vielen neuen Entwicklungen im Suchtbereich gerecht zu werden, wurde die Reihe »Sucht: Risiken – Formen – Interventionen« konzipiert. In jedem einzelnen Band wird von ausgewiesenen Expertinnen und Experten ein Schwerpunktthema bearbeitet.

Die Reihe gliedert sich konzeptionell in drei Hauptbereiche, sog. »tracks«:

Track 1: Grundlagen und Interventionsansätze
Track 2: Substanzabhängige Störungen und Verhaltenssüchte im Einzelnen
Track 3: Gefährdete Personengruppen und Komorbiditäten

In jedem Band wird auf die interdisziplinären und praxisrelevanten Aspekte fokussiert, es werden aber auch die neuesten wissenschaftlichen Grundlagen des Themas umfassend und verständlich dargestellt. Die Leserinnen und Leser haben so die Möglichkeit, sich entweder Stück für Stück ihre »persönliche Suchtbibliothek« zusammenzustellen oder aber mit einzelnen Bänden Wissen und Können in einem bestimmten Bereich zu erweitern.

Geleitwort der Reihenherausgeber

Unsere Reihe »Sucht« ist geeignet und besonders gedacht für Fachleute und Praktiker aus den unterschiedlichen Arbeitsfeldern der Suchtberatung, der ambulanten und stationären Therapie, der Rehabilitation und nicht zuletzt der Prävention. Sie ist aber auch gleichermaßen geeignet für Studierende der Psychologie, der Pädagogik, der Medizin, der Pflege und anderer Fachbereiche, die sich intensiver mit Suchtgefährdeten und Suchtkranken beschäftigen wollen.

Die Herausgeber möchten mit diesem interdisziplinären Konzept der Sucht-Reihe einen Beitrag in der Aus- und Weiterbildung in diesem anspruchsvollen Feld leisten. Wir bedanken uns beim Verlag für die Umsetzung dieses innovativen Konzepts und bei allen Autoren für die sehr anspruchsvollen, aber dennoch gut lesbaren und praxisrelevanten Werke.

Die beiden Autoren dieses Bandes stellen auf breiter Basis die entwicklungspsychologischen, phänomenologischen und auch therapeutischen Besonderheiten von Suchtentwicklungen im (späten) Kindes- und Jugendalter dar. Diese Altersphase gilt einerseits als Probier- und Experimentierzeit bei gesunden Jugendlichen, stellt andererseits für bereits vorerkrankte Patientinnen und Patienten – beispielsweise mit ADS, Sozialphobie oder Depression – einen besonderen Risikofaktor dar und ist drittens wegen der zentral wichtigen Entwicklungsaufgaben ohnehin eine Risikophase des menschlichen Lebens. Eine frühzeitige Erkennung schwer Suchtgefährdeter mit entsprechender Intervention, eine konsequente hochaufwendige Behandlung der wenigen chronisch Erkrankten und gleichzeitig eine unaufgeregte Grundhaltung zu den gesellschaftlichen Entwicklungen einer permissiven Kultur prägen den Charakter des vorliegenden Buches. Es wird deutlich, dass für diese Altersphase entwicklungspsychologische, psychopathologische, neurobiologische, soziale und pädagogische Herangehensweisen in Kombination den gewünschten Erfolg für die jungen Patientinnen und Patienten erbringen.

Oliver Bilke-Hentsch, Winterthur/Zürich
Euphrosyne Gouzoulis-Mayfrank, Köln
Michael Klein, Köln

Danksagung der Autoren

Wir bedanken uns bei Sarah Krivokapic für ihre Mithilfe bei der Erstellung des Manuskripts.

Dieses Buch ist im Rahmen des vom Bundesministerium für Bildung und Forschung (BMBF 01GL1745A) geförderten Forschungsverbundes »IMAC-Mind: Verbesserung der psychischen Gesundheit und Verringerung von Suchtgefahr im Kindes- und Jugendalter durch Achtsamkeit: Mechanismen, Prävention und Behandlung (2017–2021)« entstanden. Mit der Förderung des Verbunds leistet das BMBF einen Beitrag, die Prävention und therapeutische Versorgung von Kindern und Jugendlichen mit Suchtstörungen und weiteren damit verbundenen psychischen Störungen zu verbessern.

Inhalt

Geleitwort der Reihenherausgeber		**5**
Danksagung		**7**
1	**Einleitung**	**13**
2	**Fallvignetten**	**15**
3	**Allgemeine und klinische Epidemiologie**	**26**
3.1	Prävalenz des Substanzkonsums	29
3.1.1	Tabak und Alkohol	30
3.1.2	Illegale Drogen	33
3.2	Klinische Epidemiologie	35
3.2.1	Prävalenz pathologischen Glücksspiels (»Spielsucht«) und pathologischer Internetnutzung (»Internetsucht«)	37
4	**Klinik, Verlauf und Prognose**	**40**
4.1	Begriffsbestimmung und klinische Symptomatik	40
4.2	Folgen des Substanzkonsums	42
4.3	Verlauf und Prognose	46

4.3.1	Jugendtypischer Substanzkonsum	46
4.3.2	Jugendtypischer Substanzkonsum vs. Substanzmissbrauch	49
4.3.3	Verlaufsprognose der substanzbezogenen Störungen	54
4.4	Komorbidität	60

5 Ätiologie und spezielle Suchtdynamik — 64

5.1	Ursachen und Entstehung	64
5.1.1	Genetische Disposition	68
5.1.2	Neurobehaviorale Merkmale	73
5.1.3	Familiäre Einflüsse	76
5.1.4	Peers	78

6 Diagnostik und Differenzialdiagnose — 81

6.1	Substanzbezogene Störungen	82
6.2	Substanzinduzierte Störungen	85
6.3	Diagnostisches Vorgehen im Kindes- und Jugendalter	87
6.4	Differenzialdiagnostik: Komorbide substanzbezogene und andere psychische Störungen	92
6.5	Passen die diagnostischen Klassifikationssysteme für das Kindes- und Jugendalter?	94

7 Interventionsplanung und interdisziplinäre Therapieansätze — 97

7.1	Behandlungsformen und Interventionsplanung	101
7.2	Interdisziplinäre Therapieansätze	106

7.2.1	Frühintervention durch motivierende Gesprächsführung	108
7.2.2	Psychotherapie und Familientherapie	111
7.3	Qualifizierte Entzugsbehandlung	114
7.4	Pharmakologische Therapie	148

8	**Präventive Ansätze**	**124**
8.1	Präventionsprogrammatik bei Suchtstörungen	124
8.2	Verhaltenspräventive und verhältnispräventive Maßnahmen	126
8.3	Effektivität verhaltensbezogener Prävention	127
8.3.1	Handlungsfeld Schule	129
8.3.2	Handlungsfeld Familie	131
8.3.3	Handlungsfeld Gemeinde	135
8.3.4	Handlungsfeld Internet	136
8.3.5	Indizierte Prävention bei Personen mit Risikosymptomen	138
8.4	Umsetzung in Deutschland	141
8.4.1	Maßnahmen im Handlungsfeld Familie	141
8.4.2	Handlungsfeld Schule	143
8.4.3	Handlungsfeld Internet	146
8.4.4	Andere Handlungsfelder	148
8.5	Kosteneffektivität von Präventionsmaßnahmen	149

9	**Ausblick**	**151**

Literatur	**157**

Sachwortregister	**181**

1

Einleitung

Störungen im Zusammenhang mit dem Konsum legaler und illegaler psychoaktiver Substanzen beginnen sich in der Jugend oder im jungen Erwachsenenalter zu entwickeln (Wittchen et al. 2008) und gehören weltweit zu den psychischen Störungen mit hoher psychosozialer Krankheitslast (»burden of disease«) (GBD 2016 Alcohol Collaborators 2018; Whiteford et al. 2013). Schätzungen der Weltgesundheitsorganisation (WHO) gehen davon aus, dass mehr als 15 % der durch psychische und neurologische Erkrankungen verursachten verlorenen Lebensjahre (*disability-adjusted life years, DALYs*) auf Jugendliche und Heranwachsende unter 24 Jahren im Zusammenhang mit dem Konsum missbrauchsfähiger psychoaktiver Substanzen entfallen (Gore et al. 2011). Insbesondere der Konsum und Missbrauch von Alkohol als weitgehend gesellschaftlich akzeptiertem Rauschmittel ist weit verbreitet. Für Jugendliche, die in unserem Kulturraum typischerweise mit dem Konsum (legaler und illegaler) psychoaktiver Substanzen zu experimentieren beginnen, ist es daher besonders schwierig, Grenzen zwischen normalem Gebrauch und Missbrauch zu erlernen (vgl. Weichold 2008). Bei vulnerablen Personen etabliert sich dabei häufig bereits frühzeitig (in Kindheit und Jugend) ein missbräuchliches bzw. abhängiges Konsummuster, das sich über die Zeit zu einer chronischen psychischen Störung mit hohem Rückfallpotenzial und Komorbidität entwickeln kann. Erklärungsmodelle zur Entstehung und Aufrechterhaltung einer Suchtdynamik inklusive ihrer multiplen bio-psycho-sozialen Symptom- und Risikokonstellationen und daraus abgeleitete Maßnahmen zur Prävention, Diagnostik und Behandlung im Kindes- und Jugendalter erfordern die Berücksichtigung von physiologischen und psychologischen Entwicklungsbesonderheiten. Dieses Buch soll einen wissenschaftlich fundierten, interdisziplinären und praxisorientierten Überblick über die relevanten Themenfelder bieten – vom (frühen) klinischen Erscheinungsbild über Ätiologie und Pathogenese, Diagnostik, Verlauf und Prognose von Suchterkrankungen bis hin zu entwicklungsorientierten Ansätzen der Suchtprävention und -therapie des Kindes- und Jugendalters, Versorgungssystemen und weiteren relevanten Fragestellungen.[1]

---

1 Zugunsten einer lesefreundlichen Darstellung wird in diesem Text bei personenbezogenen Bezeichnungen in der Regel die männliche Form verwendet. Diese schließt, wo nicht anders angegeben, alle Geschlechtsformen ein (weiblich, männlich, divers).

2
Fallvignetten

Fallvignette 1
Die 18-jährige Larissa wurde mit einer Suchtstörung auf die Jugend-Suchtstation einer kinder- und jugendpsychiatrischen Klinik aufgenommen. Larissa berichtete bei der Aufnahme, seit etwa einem Jahr regelmäßig Alkohol zu trinken und sich vom Alkohol abhängig zu fühlen. Der Alkohol sei an die Stelle von Cannabis getreten, welches sie im Alter von 14 bis 16 Jahren regelmäßig konsumiert habe. Sie trinke am Wochenende Alkohol in großen Mengen, erzählte sie, wache häufig an fremden Orten auf und könne sich an das Geschehen unter Alkoholeinfluss nicht erinnern. Ihren Konsum könne sie nicht selbst kontrollieren und trinke regelmäßig mehr als sie sich vorgenommen habe. Manchmal gelinge es ihr zwar zu Beginn der

Woche nicht zu trinken, spätestens ab Donnerstag habe sie jedoch einen enormen Suchtdruck und trinke dann bis zum Rausch. Der Alkohol helfe ihr, mit schlechten Gefühlen und Sorgen umzugehen. Wenn sie nicht trinke, leide sie unter Stimmungseinbrüchen und könne schlecht schlafen. In der Vergangenheit habe sie sich bei Traurigkeit und Wut selbst verletzt und Essanfälle gehabt. Larissa sei sehr unzufrieden mit ihrem Äußeren und verbringe teilweise mehrere Stunden am Tag mit der Körperpflege, weil sie sich sonst hässlich und minderwertig fühle. Eine depressive Episode sei von ihren ambulanten Behandlern bereits vordiagnostiziert und mit Venlafaxin behandelt worden. Von der stationären kinder- und jugendpsychiatrischen und -psychotherapeutischen Suchtbehandlung erhoffe sie sich, einen adäquaten Umgang mit ihren Emotionen zu erlernen und auf Drogen und Alkohol verzichten zu können.

Zur weiteren Krankheitsgeschichte ist erwähnenswert, dass Larissa im Alter von 14 Jahren begann, Cannabis regelmäßig zu konsumieren. Etwas später konsumierte sie Ecstasy und Amphetamine und über einige Monate hinweg auch Kokain. Larissa wurde im Alter von 16 Jahren aufgrund einer Bulimie in einer kinder- und jugendpsychiatrischen Klinik über zweieinhalb Monate stationär behandelt. Im selben Jahr erfolgte auch eine qualifizierte Entzugsbehandlung in einer Fachklinik wegen der Cannabisabhängigkeit. Dies geschah auf Nachdruck der Mutter. Larissa selbst hatte damals keinen Abstinenzwunsch. Gleich im Anschluss an die Behandlung konsumierte sie weiter. In den letzten Monaten vor der jetzigen Behandlung kam es zur erheblichen Steigerung des Alkoholkonsums. Nach einem Streit mit ihrem damaligen Partner versuchte sich Larissa unter Alkoholeinfluss das Leben zu nehmen. Sie intoxikierte sich mit verschiedenen Medikamenten und rief anschließend den Rettungswagen.

Larissas Vater ist alkoholabhängig. Zu ihm hat Larissa nur sporadischen Kontakt. Die Mutter trennte sich von ihm aufgrund seines intensiven Alkoholkonsums, als Larissa ein Jahr alt war. Aktuell befindet sich Larissas Mutter aufgrund psychosomatischer Beschwerden in psychotherapeutischer Behandlung. Larissas Onkel mütterlicherseits hat eine bipolare Störung. Zu den Großeltern mütterlicherseits besteht seit Larissas Pubertät kein Kontakt mehr, nachdem Larissa ihrer Mutter anvertraut hatte, vom Großvater sexuell belästigt worden zu sein. Aufgrund der langen psychiatrischen Krankheitsgeschichte gab es immer wieder Schwierigkeiten in der Schule durch Abwesenheitszeiten und Schulwechsel. Dennoch erreichte Larissa den Mittleren Schulabschluss. Aktuell besucht sie die 11. Klasse einer Stadtteilschule und strebt das Abitur an. Mit ihrem einige Jahre älteren Partner ist sie seit zwei Monaten zusammen. Er unterstützt sie in ihrem Abstinenzwunsch und konsumiert selbst keine Drogen. Zum Lebenspartner der Mutter hat Larissa ein gutes Verhältnis. Bis zu ihrem Abitur will Larissa bei ihrer Mutter wohnen.

Bei der Aufnahme wirkt die stark geschminkte, modisch gekleidete Jugendliche im Kontakt freundlich, dabei aufgesetzt fröhlich. Sie wirbt im Kontakt um die Gunst des Gegenübers, wirkt sehr reflektiert, pseudo-intellektualisierend bei zugleich deutlich wahrnehmbarer emotionaler Entwicklungsverzögerung mit Schwierigkeiten in der Emotions- und Nähe-Distanz-Regulation. Aus der Vorgeschichte sind Essanfälle, verzerrte Körperwahrnehmung, Selbstverletzungen (Schneiden), Stimmungsschwankungen, sozialer Rückzug bei Stimmungstiefs, Verzweiflung und innere Leere bekannt, auch ein Suizidversuch.

Larissas Behandlung erfolgte auf einer Jugend-Suchtstation, die im interdisziplinären Team nach einem multimodalen Konzept arbeitet. Die Behandlung unterteilt sich in einen zweiwöchigen qualifizierten Entzug und eine jugendpsychiatrische und -psychotherapeutische Weiterbehandlung der komorbiden psychischen Störung. Neben der jugend-, sucht- und sozialpsychiatrischen Diagnostik kommen verschiedene auf den Substanzkonsum bezogene Therapieformen zum Einsatz (u. a. soziales

Kompetenztraining, Rückfallpräventions- und Motivationsgruppen). In der therapieschulenübergreifenden Einzeltherapie und in den Familiengesprächen werden die individuellen Hintergründe der Erkrankung beleuchtet und für Veränderungen zugänglich gemacht. In der bezugspädagogischen Arbeit bieten klare Regeln und Strukturen, eingebettet in unterstützende Beziehungsangebote, den Jugendlichen Halt und Rahmen.

Larissa zeigte hohe eigene Behandlungsmotivation, die jedoch mit Ungeduld, dem Wunsch nach schneller Veränderung und unrealistischen Ansprüchen an sich selbst und an das Therapiesetting verbunden waren. In einigen Tagen konnte die Entzugsbehandlung unter Gabe von Oxazepam in ausschleichender Dosierung sicher durchgeführt werden. Larissa beschrieb immer wieder Suchtdruck in Form von innerer Unruhe und höherer Irritierbarkeit. Im Kontakt mit Mitpatienten und dem Personal war Larissa zu Beginn der Behandlung umgänglich und zurückhaltend. Die Einhaltung von Regeln stellte für Larissa nur gelegentlich Probleme dar, der eng durchstrukturierte Rahmen wurde als hilfreich beschrieben. Durch Entzugssymptome und die emotional-instabile Grundstimmung kam es jedoch regelmäßig zu Craving nach Alkohol, Ein- und Durchschlafproblemen und Motivationstiefs. Da jederzeit Absprachefähigkeit vorhanden war, wurde Larissa angeleitet, durch ein emotionales Selbstmanagement und ein Spannung-abbauendes »Skills-Training« die krisenhaften Zustände zu bewältigen. Regelmäßige Motivationsgespräche unterstützten diesen Prozess.

Nach erfolgreicher Entgiftungsbehandlung und dem Wechsel auf die Weiterbehandlungsstation kam es häufiger zu Stimmungsschwankungen und zu einer dysphorischen, teilweise depressiven Stimmungslage. Mit Larissa wurde an emotionaler Stabilisierung und angemessenen Affektregulationsstrategien gearbeitet. Im Alltag wirkte Larissa phasenweise konfliktbehaftet im Kontakt mit anderen Jugendlichen. Andererseits stellte sie sich im Kontakt zu Betreuern und den Sorgeberechtigten als sehr fordernd dar und konnte Bedürfnisse kaum aufschieben. Sie zeigte insbesondere bei Begrenzung eine sehr geringe Frustrationstoleranz und war oft nicht in der Lage, die Stationsregeln zu akzeptieren, umzusetzen und diese als hilfreich für sich zu benennen.

Das durch Ambivalenzen geprägte Verhalten kennzeichnet die dysfunktionale Kontakt- und Beziehungsgestaltung. Beispielsweise fiel es Larissa schwer, eine adäquate Nähe-Distanz-Regulierung zu Betreuern und Mitpatienten umzusetzen. So verstrickte sich Larissa phasenweise in sehr enge Beziehungen. Sie entwickelte dann eine vielfältige Symptomatik mit internalisierenden und externalisierenden Anteilen und präsentierte das Bild einer Persönlichkeitsstörung vom emotional-instabilen Typ. Auch gelang es Larissa nur selten, eigene Bedürfnisse adäquat zu formulieren. Hier zeigte sich auch noch am Ende der Therapie eine Tendenz, Verantwortung zu meiden, Schuldzuschreibungen an andere vorzunehmen und nahezu unerfüllbare Versorgungswünsche zu äußern. Bei Frustrationserlebnissen kam es zu einem schnellen Wechsel zwischen den extremen Polen der Idealisierung und Entwertung anderer Personen. Hinzu kamen erhebliche Schwierigkeiten in der Differenzierung eigener Bedürfnisse sowie der Abgrenzung eigener Bedürfnisse von denen anderer. Dies schien mit erheblichen Schwierigkeiten verbunden zu sein, sich in Sichtweisen anderer hineinzuversetzen oder deren Affekte zu interpretieren. Es ergaben sich Hinweise auf eine Mentalisierungs- und Empathiestörung. Insgesamt überwogen frühe Abwehrmechanismen wie Spaltung, Projektionen, Externalisierung und projektive Identifikation. Diese stellten sich verstärkt in Konfliktsituationen ein. In diesen Phasen schien Larissa nur wenig erreichbar, Ambivalenzen gegenüber der Behandlung traten in den Vordergrund. Darüber hinaus wurde ein instabiles oder fragmentiertes, wenig integriertes Selbstbild deutlich. Das Erleben von Identität (psychisch, sozial, sexuell, generationenbezogen) schien wenig ausgereift zu sein und führte zu häufig dysfunktionaler, schnell wechselnder Rollenübernahme oder einer Pseudoanpassung, phasenweise verbunden mit vordergründiger Stabilisierung und Tendenzen, die Therapie vorzeitig zu beenden.

Im Ausgang einer Belastungserprobung kam es während der stationären Behandlung zu einem Rückfall in den Substanzkonsum. Der Wunsch nach dauerhafter Abstinenz wirkte dabei nicht immer klar und eindeutig. Larissa erlebte den Rückfall als sehr schambesetzt und konnte ihn nicht aus eigenem Antrieb in den Kontakt mit Betreuern oder Therapeuten bringen. Eine Stabilisierungsphase und die Arbeit im Bereich Rückfallprävention waren im Anschluss essentiell für die weitere psychotherapeutische Arbeit.

Die Einzelgespräche fokussierten eine Verbesserung der Emotionsregulationsfähigkeit sowie die Förderung der Selbstwahrnehmung in Anlehnung an die dialektisch-behaviorale Therapie, um einen funktionalen Umgang mit Stimmungsschwankungen und Stimmungseinbrüchen zu unterstützen. Die sexuellen Übergriffe des Großvaters schienen Larissa deutlich zu belasten und eine positive Einstellung zum eigenen Körper und der eigenen Person zu verhindern. Zwar berichtet Larissa nicht von Intrusionen, die Vielzahl an dysfunktionalen Bewältigungsstrategien und die Probleme in der Interaktion dienten jedoch der Vermeidung einer emotionalen Auseinandersetzung mit dem traumatischen Erleben. Die Empfehlung einer weiterführenden traumafokussierten Behandlung bei ausreichender Abstinenz und gegeben gesunden Bewältigungsstrategien wurde mit Larissa und ihrer Mutter besprochen.

Neben der Förderung und Sicherung der Abstinenzmotivation wurde die zugrundeliegende Identitäts- und Selbstwertproblematik bearbeitet. Die dysfunktionale Beziehungsgestaltung spiegelte sich auch in der Gestaltung der therapeutischen Beziehung wider und war von Phasen der Idealisierung und Entwertung geprägt. Die Schwierigkeiten in der Beziehungsgestaltung wurden von Larissa vor dem Hintergrund der frühen biografischen Frustration der Bedürfnisse nach Bindung, Selbstwert und Sicherheit beginnend reflektiert.

Larissa nahm bereits vor Aufnahme in die stationäre Behandlung das Medikament Venlafaxin, welches im Verlauf aufgrund fortbestehender depressiver Symptomatik (Schlafstörungen, Antriebslosigkeit, Stimmungstiefs) in der Dosis weiter erhöht wurde. Hierunter zeigte sich eine leichte Stimmungsaufhellung, wobei die Stimmungsschwankungen aufgrund der emotional-instabilen Persönlichkeit weiterhin prominent blieben.

Zusammenfassend ist bei Larissa in diagnostischer Hinsicht von einer emotional-instabilen Persönlichkeitsstörung bei zeitgleich deutlicher Entwicklungsverzögerung im emotionalen und sozialen Bereich auszugehen. Die Alkohol- und Tabakabhängigkeit sowie der schädliche Gebrauch multipler anderer psychotroper Substanzen können als dysfunktionaler Bewältigungsversuch verstanden und als Nebendiagnosen verschlüsselt werden (▶ Tab. 2.1). Im stationären Behandlungsrahmen konnte Larissa wichtige Erfahrungen machen und lernen, über längere Phasen abstinent zu bleiben. Außerdem lernte sie, Stimmungsschwankungen zu bewältigen und auf selbstschädigendes Verhalten zu verzichten. Ohne ausreichende Stabilisierung und fortgesetzte Unterstützung besteht jedoch die erhebliche Gefahr eines Verhaltens- und Suchtmittelrückfalls sowie der Chronifizierung der emotional-instabilen Persönlichkeitsstörung. Ihr wurde daher bei der Entlassung aus stationärer Behandlung empfohlen, dass langfristig bei Verschlechterung und Rückfall in den Substanzkonsum eine stationäre Rehabilitationsbehandlung mit Schwerpunkt Sucht und gegebenenfalls traumafokussierter Therapie in Erwägung gezogen werden muss. Aufgrund der Schulsituation und Larissas Wunsch, die Schule regulär zu beenden, konnte sie sich aktuell nicht für eine erneute langfristige stationäre Therapie entscheiden. Sie zog es stattdessen vor, die ambulante Psychotherapie mit wöchentlichen Kontakten fortzusetzen.

Tab. 2.1: Diagnosen nach ICD-10/MAS

Diagnosen	ICD-10-Code
Achse I: Klinisch-psychiatrisches Syndrom	
Sonstige emotionale Störung des Kindesalters	F93.8
Emotional-instabile Persönlichkeitsstörung: Borderline-Typus	F60.31
Schwere depressive Episode	F32.2
Psychische und Verhaltensstörungen durch Alkohol: Abhängigkeitssyndrom	F10.2
Psychische und Verhaltensstörungen durch Cannabinoide: Abhängigkeitssyndrom, derzeit abstinent	F12.2
Psychische und Verhaltensstörungen durch Kokain: Schädlicher Gebrauch	F14.1
Psychische und Verhaltensstörungen durch andere Stimulanzien: Schädlicher Gebrauch	F15.1
Psychische und Verhaltensstörungen durch Tabak: Abhängigkeitssyndrom	F17.2
Achse II: Teilleistungs- und Entwicklungsstörung	
Keine bekannt	
Achse III: Intelligenzniveau	
Nach klinischem Eindruck durchschnittlich	
Achse IV: Körperliche Begleiterkrankungen	
Keine bekannt	
Achse V: Psychosoziale Begleitumstände	
Kontaktanlässe mit Bezug auf die Ausbildung	Z55
Kontaktanlässe mit Bezug auf die soziale Umgebung	Z60
Kontaktanlässe mit Bezug auf Kindheitserlebnisse	Z61
Kontaktanlässe mit Bezug auf die Erziehung	Z62
Kontaktanlässe mit Bezug auf den engeren Familienkreis	Z63
Psychische Krankheiten in der Familienanamnese	Z81
Selbstschädigung und Missbrauch in der Eigenanamnese	Z91.8
Achse VI: Psychosoziales Funktionsniveau	
Ernsthafte soziale Beeinträchtigung (Grad 5)	

Fallvignette 2
Der 16-jährige Boris konsumiert seit zwei Jahren Cannabis, massiv in den letzten Monaten. Der Konsum hat aus Sicht seiner Mutter zu einer »Wesensänderung« geführt. Boris sei in Folge des Konsums ausgelaugt, lethargisch, depressiv verstimmt und teilweise aggressiv gespannt, berichtet die Mutter im Erstgespräch in der Drogen- und Alkoholambulanz für Jugendliche. Häufig reagiere er aus nichtigem Anlass mit Wutausbrüchen. Dabei würden hin und wieder Sachschäden entstehen. Gelegentlich richte Boris die Wut aber auch gegen sich selbst. Die schulischen Leistungen seien stark zurückgegangen. Derzeit wiederhole Boris die 10. Klasse. Eine weitere Auswirkung des fortgesetzten Cannabisgebrauchs bestehe darin, dass Boris keine Ordnung mehr zu Hause halte. Sein Zimmer sei in einem verwahrlosten Zustand. Gelegentlich hätte sie Fressattacken bei Boris beobachtet. In Folge des Konsums hätten sich die Auseinandersetzungen zwischen Mutter und Sohn gemehrt. Zuletzt habe es täglich Streitszenen gegeben.

Angesprochen auf Boris Entwicklung in Kindheit und früher Jugend erwähnt seine Mutter die Trennung von ihrem damaligen Ehemann, dem leiblichen Vater von Boris, vor etwa 15 Jahren. Damals war Boris ein Jahr alt. Boris lebte anschließend über viele Jahre hinweg zeitweise bei seiner Mutter und zeitweise beim Vater. Boris und sein 5 Jahre älterer Bruder Claus hätten im Zusammenhang mit dem ständigen Wechsel des Wohnorts auch versucht die Eltern gegeneinander auszuspielen. Von der neuen Partnerin des Vaters sei Boris bereits im Kindesalter durch Schläge misshandelt worden, berichtet die Mutter. Seit dem 15. Lebensjahr sei Boris in Einrichtungen der stationären Jugendhilfe betreut worden, die letzte Wohngruppe habe er erst vor einem halben Jahr verlassen, um dann wieder bei der Mutter aufgenommen zu werden. Bis zu seinem 9. Lebensjahr habe Boris überwiegend bei der Mutter gewohnt. Es habe sich dann eine Periode angeschlossen, in der Boris überwiegend bei seinem Vater lebte. Im 14. Lebensjahr lebte Boris ein Jahr mit der Mutter und deren neuem Partner in Australien.

Die frühkindliche Entwicklung von Boris sei unauffällig gewesen. Eine pädagogische Betreuung durch die Jugendhilfe sei bereits im 2. Lebensjahr von Boris nach der Scheidung seiner Eltern eingerichtet worden. In der Grundschule sei Boris ein guter Schüler gewesen.

Zur Suchtanamnese berichtet Boris, vor etwa 2 Jahren das erste Mal Cannabisprodukte konsumiert zu haben. Täglicher Konsum bestehe seit einem Jahr. Seither konsumiere er etwa 1 Gramm Cannabisprodukte täglich. Den ersten Joint rauche er bereits kurze Zeit nach dem Aufstehen. Ein probatorischer Gebrauch bestehe bezüglich psilocybinhaltiger Pilze und verschiedener Stimulanzien. Opiate habe Boris nicht konsumiert. Er rauche etwa 10 Zigaretten täglich. Aufgrund des Cannabiskonsums gäbe es nicht nur konfliktreiche, häufige Auseinandersetzungen mit der Mutter, sondern auch zahlreiche Konflikte mit den Lehrern in der Schule. Boris fühle sich leicht reizbar und ungerecht behandelt. Dies habe zum Schluss dazu geführt, dass er die Schule überhaupt nicht mehr besucht habe. In Folge des regelmäßigen Cannabisgebrauchs hätten sich Antriebslosigkeit, Lustlosigkeit und Interessenverlust gemehrt. Er erlebe sich selbst als abhängig von der Droge.

Im Gespräch stellt sich der 16-jährige Boris als gut kontaktfähiger Jugendlicher dar, der durch eine Verzögerung in der altersgerechten emotionalen Entwicklung insbesondere in den Bereichen der Gefühlswahrnehmung, des Gefühlsausdrucks, der Gefühlsregulation, Introspektion sowie der sozialen Interaktion auffällt. Die Stimmungslage ist subdepressiv aber auflockerbar. Die Verzögerung der altersgerechten Entwicklung mit im Vordergrund stehender Depressivität ist psychodynamisch vor dem Hintergrund einer Trennung der Eltern im Kleinkindesalter zu bewerten. Die Trennungsproblematik scheint mitsamt dessen Versagensängsten und Schuld- und Schamkonflikten nicht auch nur im Ansatz bewältigt zu sein. Cannabisgebrauch hat sich in dieser Hinsicht als Abwehr der zugrundeliegenden Selbstwert- und Identitätskonflikte angeboten und inzwischen hat sich ein hohes Ausmaß an stofflicher Abhängigkeit entwickelt, inklusive Toleranzentwicklung, Einengung des Denkens und Handelns, Konsum trotz Wissens um die Schädlichkeit und ungünstiger Auswirkungen. Es bestehen Anzeichen einer körperlichen Abhängigkeit. Die Abstinenz- und Änderungsmotivation und die Einsicht in die Suchtentwicklung sind mittel- bis hochgradig ausgeprägt.

Aus suchtpsychiatrischer Sicht ist für Boris eine konfliktbearbeitende und entwicklungsfördernde kinder- und jugendpsychiatrische und psychotherapeutische Behandlung auf einer Jugend-Suchtstation indiziert. In Anbetracht der hohen Behandlungsmotivation, der Abstinenzzuversicht, der hinreichend realistischen Zukunftsperspektiven und der Therapiefähigkeit ist der Erfolg einer stationären kinder- und jugendpsychiatrischen Suchttherapie prognostisch als günstig einzuschätzen. Ein ambulantes Therapiesetting ist nicht indiziert, da die Suchtentwicklung zu weit zurückreicht, das soziale Umfeld rückfallgefährdend ist und wiederholte eigenständige Reduktionsversuche in der Vergangenheit gescheitert sind. Inhalte der Behandlung wären die Förderung und Stabilisierung der Identitätsentwicklung, Stärkung der Suchtmittelabstinenz und Rückfallprophylaxe sowie Klärung und Förderung der Lebensbereiche Wohnen, Ausbildung und Freizeit.

3

Allgemeine und klinische Epidemiologie

In Deutschland liegen epidemiologische Daten zum Substanzkonsum von Jugendlichen und jungen Erwachsenen aus bundesweiten, repräsentativen Umfragen und Prävalenzstudien vor, die durch regionale, teilweise regelmäßige Studien und Monitorings (z. B. *Monitoring Drogentrends* [MoSysD], Frankfurt am Main, *Brandenburger Jugendliche und Substanzkonsum*, Brandenburg, *Hamburger SCHULBUS*, Hamburg) ergänzt werden. Verbreitung und Ausmaß des Konsums wird klassischerweise durch die Prävalenz angegeben, die den Konsum über verschiedene zurückliegende Zeiträume erfasst (bspw. in den letzten 12 Monaten; ▶ Kasten: Definition).

Die wichtigste Datenquelle zur Einschätzung der Verbreitung und des Ausmaßes des Konsums von Tabak, Alkohol und illegalen

Drogen im Jugendalter ist die *Drogenaffinitätsstudie* (DAS) der Bundeszentrale für gesundheitliche Aufklärung (BZgA). Die querschnittlich angelegte Befragung findet seit dem Jahr 1973 alle drei bis vier Jahre statt. Die aktuellsten Daten stammen aus dem Jahr 2015 (Orth 2016). Weitere repräsentative Daten kommen aus der *Studie zur Gesundheit von Kindern und Jugendlichen in Deutschland* (KiGGS) des Robert Koch-Institutes (RKI), die als kombinierte Querschnitt- und Kohortenstudie konzipiert ist (Lampert et al. 2014). Zudem beteiligt sich Deutschland (bzw. einzelne Bundesländer) an der auf europäischer Ebene organisierten *Europäischen Schülerstudie zu Alkohol und anderen Drogen* (ESPAD) der Klassenstufen 9 und 10, die seit 1995 regelmäßig alle vier Jahre durchgeführt wird.

Auch wenn die vorliegenden Studien durch abweichende Erhebungsmethoden (z. B. Telefoninterviews [DAS] vs. Befragungen im Klassenverband [ESPAD]), unterschiedliche Altersgruppen (DAS: 12- bis 25-jährige Jugendliche und junge Erwachsene; ESPAD: 15- bis 16-jährige Schülerinnen und Schüler) und Definitionen relevanter Konsummaße mitunter zu abweichenden Ergebnissen kommen, erlaubt die Studienlage eine angemessene Beurteilung des Ausmaßes der Verbreitung des Konsums psychotroper Substanzen im Kindes- und Jugendalter, auch über die Zeit.

Aktuelle und repräsentative Daten zur Verbreitung klinisch relevanter Konsumformen bzw. Diagnosen im Kindes- und Jugendalter liegen derzeit nicht vor. Der seit dem Jahr 1980 vierjährlich durchgeführte *Epidemiologische Suchtsurvey* (ESA), in dem auch die Häufigkeit von Missbrauchs- und Abhängigkeitsdiagnosen (nach DSM-IV) erhoben werden, ist u. a. aufgrund der Schwierigkeit, Substanzkonsumstörungen bei Minderjährigen telefonisch zu erfassen (persönliche Mitteilung L. Kraus 2016), auf die erwachsene Bevölkerung begrenzt worden (18 bis 64 Jahre). Prävalenzschätzungen für Suchtstörungen des Kindes- und Jugendalters in Deutschland entstammen älteren und/oder internationalen (v. a. US-amerikanischen) Studien. Aussagen zur Problemlast, die etwa zur Planung des Behandlungsbedarfs benötigt werden, lassen sich darüber hinaus aktuell nur indirekt (bspw. anhand des allgemeinen Konsums und weiterer Indikatoren, vgl. Rehm et al. 2013) sowie anhand von Routinedaten und einzelnen Studien zur Inanspruchnahme suchtspezifischer Beratung oder Behandlung machen (z. B. Pfeiffer-Gerschel et al. 2011).

Im Zusammenhang mit nicht stoffgebundenen Abhängigkeitserkrankungen (v. a. pathologisches Glücksspiel, pathologische Computerspiel- und Internetnutzung) sind in den letzten Jahren eine Reihe von repräsentativen Studien erschienen, insbesondere solche, die das Ausmaß klinisch relevanter Mediennutzung (Computerspiel- und/oder Internetnutzung) im Kindes- und Jugendalter darstellen (▶ Kap. 3.2.1).

Definition: Prävalenz
Hauptkennzahl epidemiologischer Studien zu Verbreitung und Ausmaß des Konsums psychoaktiver Substanzen ist die *Prävalenz*, d. h. die Häufigkeit des mindestens einmaligen Konsums in einem definierten Zeitraum. Eine *Lebenszeitzeitprävalenz* (entspricht dem mindestens einmaligen Konsum einer Substanz über die bisherige Lebensspanne) wird im Zusammenhang mit dem Konsum illegaler Substanzen üblicherweise als Indikator eines *Probierkonsums* bzw. von Drogenerfahrung interpretiert. In den meisten Fällen wird, nachdem die Droge probiert wurde, der Konsum im Lauf der Zeit wieder völlig eingestellt. Daher liefert die Lebenszeitprävalenz nur grob Auskunft über das Ausmaß des Konsums. Besser geeignet für die Einschätzung der aktuellen Konsumentenzahlen ist der Konsum in den letzten zwölf Monaten (*12-Monats-Prävalenz*) vor der Befragung. Diese Kennzahl wird meistens als Referenzzahl angeführt und gibt Auskunft über die Verbreitung eines *sporadischen* Drogenkonsums. Die *30-Tage-Prävalenz* gilt bei den illegalen Substanzen als Indikator für einen *regelmäßigen* Konsum, ist jedoch auf Bevölkerungsebene mit Ausnahme von Cannabis häufig sehr niedrig und lässt sich in epidemiologi-

schen Surveys meist kaum noch interpretieren. Im Zusammenhang mit illegalen Substanzen ist in epidemiologischen Studien der experimentelle bzw. kurzzeitige Konsum das häufigste Gebrauchsmuster. Bei dem Konsum der legalen Substanzen Tabak und Alkohol wird i. d. R. unter regelmäßigem Konsum ein täglicher (Tabak-) bzw. wöchentlicher (Alkohol-)Konsum verstanden. Im Zusammenhang mit dem Konsum von Alkohol gibt es gängige und anerkannte Definitionen für riskanten Konsum (z. B. Rauschtrinken und/oder Grenzwerte in den wöchentlichen Trinkmengen). Die Europäische Beobachtungsstelle für Drogen und Drogensucht (EBDD) definiert einen »riskanten Drogenkonsum« als wiederholten Konsum, durch den der Person Schäden bzw. negative Konsequenzen entstehen, und die Wahrscheinlichkeit, solche Schäden zu erleiden, steigt. Ein erhöhtes Risiko kann sich u. a. auf die Frequenz des Konsums, aber auch auf riskante Applikations- und Konsumformen (bspw. Mischkonsum mehrerer Substanzen) beziehen. *Abhängiger* und *schädlicher Gebrauch* hingegen ist in den klinischen Klassifikationssystemen eindeutig definiert (▶ Kap. 6).

3.1 Prävalenz des Substanzkonsums

Die *Prävalenzen des Konsums psychoaktiver Substanzen* fallen für die männlichen Jugendlichen im Vergleich zu den weiblichen Jugendlichen mit Ausnahme des Tabakrauchens insgesamt höher aus und erreichen für die illegalen Drogen teilweise ein Verhältnis von ca. 2:1. Beim Tabakrauchen sind bis zum Alter von 18 Jahren nahezu keine geschlechtsspezifischen Unterschiede feststellbar (Orth 2016; Lampert & Tamm 2007). Die ersten Erfahrungen mit dem Konsum der legalen Substanzen Tabak und Alkohol macht die Mehrheit der Jugendlichen zwischen 13 und 15 Jahren, der erstmalige Konsum von Cannabis findet typischerweise zwischen 14 und 15 Jahren statt, andere illegale Substanzen werden eher selten vor dem Alter von 18 Jahren probiert (Kraus et al. 2016).

3.1.1 Tabak und Alkohol

Für den Tabakkonsum sind die Prävalenzen (Lebenszeit-, 12-Monats- und 30-Tage-Prävalenz) bei den 12- bis 17-Jährigen in den letzten Jahren deutlich rückläufig. Rauchten im Jahr 2001 noch 27,5 % der Jugendlichen, so ist der Anteil aktuell mit 9,6 % in dieser Altersgruppe mittlerweile um etwa zwei Drittel verringert (Orth 2016). Gleichzeitig ist der Anteil der Jugendlichen, die noch nie geraucht haben, stetig gewachsen und im Jahr 2015 mit einem Anteil von 79,1 % so hoch wie noch nie seit Beginn der Dokumentation in den späten 1970er Jahren. Die Rückgänge beim Rauchen zeigen sich auch bei den jungen Erwachsenen (18 bis 25 Jahre), allerdings auf einem höheren Niveau. Rauchten im Jahr 2001 noch 44,5 % der jungen Erwachsenen, waren es im Jahr 2015 nur noch 26,2 %. In dieser Altersgruppe ist das Rauchen unter Männern (28,1 %) etwas weiter verbreitet als unter Frauen (24,1 %). Zudem gibt es beim Rauchen deutliche soziale Unterschiede. Bei Auszubildenden bzw. Berufsschülerinnen und -schülern ist der Anteil der Raucherinnen und Raucher höher als bei denjenigen der gymnasialen Oberstufe oder bei Studierenden. Auch der Gebrauch von Wasserpfeife, E-Zigarette und E-Shisha ist bei jungen Erwachsenen weiter verbreitet als bei Jugendlichen. Während etwa ein Drittel der Jugendlichen in Deutschland schon mindestens einmal Wasserpfeife geraucht hat (27,3 %), sind dies bei den jungen Erwachsenen fast 70 %. Beim Konsum von E-Zigaretten liegt die Lebenszeitprävalenz bei Jugendlichen bei 12,8 % (E-Shisha: 13,5 %), bei den jungen Erwachsenen bei 20,7 % (E-Shisha: 10,1 %).

Obwohl ähnliche Rückgänge auch für den Alkoholkonsum zu beobachten sind, bleibt Alkohol im Kindes- und Jugendalter (und in der Allgemeinbevölkerung) die mit Abstand am weitesten verbreitete psychoaktive Substanz. Über ein Drittel (37,4 %) der befragten Jugendlichen gibt an, in den vergangenen 30 Tagen Alkohol konsumiert zu haben (*30-Tage-Prävalenz*; 2011 waren dies noch 42 %). Einen regelmäßigen Konsum, d. h. mindestens einen wöchentlichen Konsum über die vergangenen 12 Monate, berichtet etwa jeder zehnte Jugendliche (11 %; im Jahr 2011 waren es 14,2 %, bei der ersten Befragung 1973 noch 25,4 %). Der regelmäßige Alkoholkonsum ist bei männlichen Jugendlichen dabei häufiger (▶ Abb. 3.1). Etwa jeder siebte Jugendliche (14,1 %) hatte in den letzten 30 Tagen vor der Befragung mindestens einen Tag, 3,7 % mindestens vier Tage mit Rauschtrinken (*Binge-drinking* oder *episodisch exzessives Trinken*). Rauschtrinken ist als Konsum von mindestens 5 alkoholischen Standardgetränken (entspricht einem Glas Bier (0,3l), Wein (0,2l) oder Spirituosen (4cl)) zu einer Trinkgelegenheit für männliche Befragte und mindestens 4 alkoholischen Standardgetränken für weibliche Befragte definiert und ist mit erheblichen Risiken verbunden. Spezifische Definitionen für Rauschtrinken bei Jugendlichen existieren nicht. Für die erlebte Rauschwirkung des Alkohols spielen auch biologische Faktoren wie das Geschlecht, der Metabolismus sowie die zeitliche Dimension, in der konsumiert wird, eine Rolle. Das sogenannte »5-plus-Kriterium« (Hering et al. 2008) für Rauschtrinken ist daher nicht unumstritten, hat sich jedoch national und international etabliert (vgl. Diestelkamp et al. 2014).

Rückläufige Trends im Alkoholkonsum werden auch durch weitere Datenquellen grundsätzlich gestützt, jedoch auf einem deutlich höheren Niveau. Betrachtet man nur die Angaben der 15- bis 16-jährigen Schüler aus der ESPAD-Studie (Hibell et al. 2012), gehören die deutschen Jugendlichen mit einer *30-Tage-Prävalenz* für Alkoholkonsum von 73 % (die aktuellen Daten aus Bayern von 2015 kommen auf 71 %) europaweit zur Spitzengruppe. Lediglich in Dänemark und der Tschechischen Republik gaben mehr Schüler an, im vorangegangenen Monat Alkohol getrunken zu haben. Etwas mehr als die Hälfte der Jugendlichen (56 %) gibt

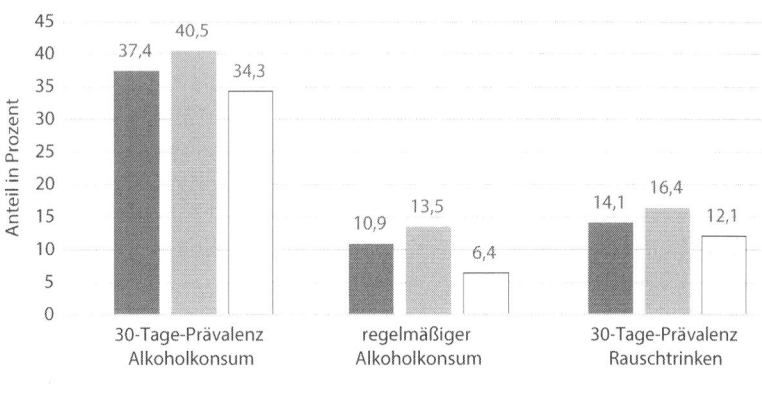

Abb. 3.1: Prävalenzen des Alkoholkonsums 12- bis 17-Jähriger in Deutschland im Jahr 2015 nach Geschlecht (n = 7.004) (Bundeszentrale für gesundheitliche Aufklärung, BZgA, modifiziert nach Orth 2016, S. 43 f.)

zudem an, innerhalb der letzten 30 Tage einen Rausch erlebt zu haben (die aktuellen Daten aus Bayern von 2015 kommen auf 48 %). Damit liegt die *30-Tage-Prävalenz* für das Rauschtrinken unter den 15- und 16-jährigen Schülern erheblich über derjenigen der 12- bis 17-Jährigen (ca. 15 %; Orth 2016) und auch der 18- bis 25-Jährigen (34,7 %) und weist das Phänomen möglicherweise als ein jugendspezifisches aus.

Ein *riskanter Alkoholkonsum* wird epidemiologisch als Hinweis auf einen klinisch relevanten Konsum gewertet (Piontek et al. 2017) und ist auf Grundlage der repräsentativen Daten der KIGGS-Studie (n = 6.141; Zeiher et al. 2018) bei 12,1 % der 11- bis 17-jährigen Kinder und Jugendlichen in Deutschland festzustellen (5 Jahre vorher lag der Wert noch bei 15,8 %, Lampert et al. 2014). Riskanter Konsum wurde in der KIGGS-Studie anhand des AUDIT-C (*Alcohol Use Disorder Identification Test – Consumption*; Bush et al. 1998) erfasst. Der AUDIT-C ist ein international verbreitetes und anerkanntes Screeninginstrument zur Einschätzung des Risikos für die Entwicklung einer alkoholbezogenen Störung (Abhängigkeit oder Missbrauch) anhand selbstberichteter Angaben zur Trinkmenge und -häufigkeit (▶ Kap. 4).

3.1.2 Illegale Drogen

Cannabis ist weltweit die mit Abstand am häufigsten konsumierte illegale Substanz (Hoch et al. 2015). In Deutschland gibt etwa jeder zehnte Jugendliche (9,7 %) und jeder dritte junge Erwachsene (34,5 %) an, schon einmal Cannabis probiert zu haben (*Lebenszeitprävalenz*). Die Tatsache, dass die Lebenszeitprävalenz für illegalen Drogenkonsum allgemein bei den Jugendlichen mit 10,2 % nur knapp darüber liegt, verdeutlicht, dass es sich bei Cannabis in Deutschland epidemiologisch um die Hauptproblemsubstanz handelt. Die Erfahrung mit dem Konsum anderer Substanzen (erhoben werden in der DAS Angaben zu Ecstasy, LSD, Amphetamine, Crystal Meth, Kokain, Crack, Heroin, Neue Psychoaktive Substanzen (NPS), Schnüffelstoffe und psychoaktive Pflanzen) fällt demnach deutlich geringer aus (1,8 % in der Gruppe der 12- bis 17-Jährigen). Bei den jungen Erwachsenen fallen die Werte höher aus. In dieser Gruppe geben insgesamt 7,7 % der Befragten an, bereits irgendeine andere Droge außer Cannabis ausprobiert zu haben. Die Lebenszeitprävalenzen liegen mit etwa 4 % für Ecstasy, Amphetamin oder psychoaktive Pflanzen am höchsten, gefolgt von LSD, Kokain, den Neuen Psychoaktiven Substanzen und Schnüffelstoffen (1 bis 3 %). Weniger als 1 % der jungen Erwachsenen haben Erfahrung mit dem Konsum von Crystal Meth, Crack oder Heroin.

Einen Konsum illegaler Substanzen in den vergangenen zwölf Monaten (*12-Monats-Prävalenz*) berichten 7,5 % der Jugendlichen und 15,8 % der jungen Erwachsenen, wobei die Angaben ebenfalls durch Cannabiskonsum dominiert werden (respektive 7,3 % und 15,3 %). Die Prävalenzangaben für regelmäßigen Konsum (*30-Tage-Prävalenz*) sind mit 1,6 % bei den Jugendlichen und 4,1 %

Tab. 3.1: 12-Monats-Prävalenz des Konsums einzelner illegaler Drogen bei 12- bis 17-jährigen Jugendlichen, 2015 (Prozentangaben) (BZgA, Orth 2016)

	Gesamt	Männlich	Weiblich
Irgendeine illegale Droge	7,5	8,4	6,5
Cannabis	7,3	8,1	6,3
Illegale Drogen außer Cannabis	1,2	1,3	1,1
Ecstacy	0,5	0,6	0,5
LSD	0,2	0,2	0,1
Amphetamine	0,3	0,5	0,0
Chrystal Meth	0,0	0,0	0,0
Kokain	0,3	0,1	0,6
Crack	0,0	0,0	0,0
Heroin	0,0	0,0	0,0
Neue Psychoaktive Substanzen	0,0	0,0	0,0
Schnüffelstoffe	0,0	0,0	0,1
Psychoaktive Pflanzen	0,2	0,1	0,2

bei den jungen Erwachsenen erwartungsgemäß geringer. Zusammenfassend kann gesagt werden, dass die Konsumhäufigkeit in Abhängigkeit zu Geschlecht und Alter variiert, für männliche Befragte eine deutlich höhere Prävalenz als für weibliche Befragte festgestellt werden kann, der Konsum unter den jungen Erwachsenen um ein Vielfaches höher ausfällt als in jüngeren (aber auch älteren) Teilstichproben und der erstmalige Konsum von illegalen Substanzen jenseits von Cannabis selten unter einem Alter von 18 Jahren berichtet wird. Die 12-Monats-Prävalenzen für Jugendliche sind in der Tabelle dargestellt (▶ Tab. 3.1). Laut neuesten Auswertungen (Orth & Merkel 2018) variiert die 12-Monats-Prävalenz des Konsums von Cannabis alters- und geschlechtsabhängig erheblich und reicht von 0,0 % unter den 12- bis 13-jährigen Mädchen bis zu 30,8 % unter den 18- bis 19-jährigen männlichen Jugendlichen. Einen mindestens 10-maligen Konsum von Cannabis in den letzten 12 Monaten berichten 1,5 % der Jugendlichen und 5,4 % der jungen Erwachsenen. Die Prävalenz steht in beiden Altersgruppen für die männlichen Befragten im Vergleich zu den weiblichen im Verhältnis von etwa 4:1.

3.2 Klinische Epidemiologie

In der erwachsenen Allgemeinbevölkerung (18 bis 64 Jahre) ergeben sich laut des epidemiologischen Suchtsurveys (ESA) 2012 folgende Prävalenzen für Missbrauchs- (bzw. Abhängigkeits-) Diagnosen, hier nach DSM-IV-Kriterien: Alkohol 3,1 % (3,4 %), Cannabis 0,5 % (0,5 %), Amphetamine 0,2 % (0,1 %), Kokain 0,0 % (0,2 %) (Pabst et al. 2012). Während die Gebrauchsformen und der riskante Substanzgebrauch bei Kindern und Jugendlichen in Deutschland auch im Zeitverlauf gut abgebildet sind (▶ Kap. 3.1), liegen aktuell keine bundesweiten epidemiologischen Daten zur Häufigkeit der Substanzgebrauchsstörungen bei Kindern und Jugendlichen vor. Eine ältere Untersuchung in einem süddeutschen Ballungsgebiet (*Early Developmental Stages of Psychopathology*, EDSP), an der 3.021 Jugendliche im Alter von 14 bis 24 Jahren teilnahmen, ergab in der Altersgruppe der 14- bis 24-Jährigen für Missbrauchs- (bzw. Abhängigkeits-) Diagnosen nach DSM-IV folgende Werte: Alkohol 10 % (5 %), Cannabis 3,6 % (1,5 %), Ecstasy/Amphetamine 0,6 % (0,4 %), Kokain 0,2 % (0 %) (Perkonigg et al. 1997).

Die im Vergleich mit der erwachsenen Allgemeinbevölkerung deutlich erhöhten Prävalenzen werden durch aktuellere großangelegte US-amerikanische Studien gestützt, in denen eine Lebenszeitprävalenz einer substanzbezogenen Störung nach DSM-IV bei den 13- bis 18-jährigen Jugendlichen von 11,4 % (Merikangas et al. 2010) und eine 12-Monats-Prävalenz von 8,3 % (Kessler et al. 2012) ermittelt wurden. In einer weiteren aktuellen US-Studie

(Rhew et al. 2017) mit einer kleineren Stichprobe lagen die 12-Monats-Prävalenzen 18-jähriger Schüler für cannabisbezogene und alkoholbezogene Störungen mit respektive 20,9 und 19,8 % noch deutlich darüber. Auch wenn die Studien nicht ohne Weiteres miteinander verglichen werden können, zeigt sich, dass die Substanzgebrauchsstörungen zu den häufigsten psychischen Störungen des Kindes- und Jugendalters gehören (vgl. Stolle et al. 2009).

Zusätzliche Informationen liefern Routinedaten aus der klinischen Versorgung, wenngleich diese Daten aufgrund der insgesamt relativ geringen Inanspruchnahme ambulanter und stationärer Angebote im Hilfesystem mitunter ein von den bevölkerungsrepräsentativen Studien abweichendes Bild vermitteln. Dennoch weisen Daten aus dem Versorgungsreport 2015/2016 (Routinedaten einer großen Krankenkasse) die alkoholbezogenen Störungen (ICD-10: F10) als häufigsten Anlass für eine Krankenhausbehandlung bei Kindern und Jugendlichen aus. Jährlich werden ca. 20.000 Kinder und Jugendliche in Deutschland wegen akuten Alkoholmissbrauchs stationär in einem Krankenhaus notfallmedizinisch behandelt (Diagnose »akute Alkoholintoxikation« ICD-10 F10.0). Die Häufigkeit dieser Diagnose hat sich seit dem Jahr 2000, in dem insgesamt 9.576 Fälle verzeichnet wurden, damit nahezu verdoppelt, obwohl wie oben berichtet auf Bevölkerungsebene parallel klar rückläufige Trends zum allgemeinen Alkoholkonsum verzeichnet wurden. Auf Basis der Krankenhausdiagnosestatistik lässt sich seit dem Jahr 2002 zudem ein signifikanter Anstieg der Diagnosehäufigkeit Substanzgebrauchsstörung (bzw. Missbrauch und Abhängigkeit) bei Jugendlichen feststellen (Plener et al. 2015). Allein die Anzahl der vollstationären Behandlungen cannabisbezogener Störungen bei zumeist männlichen Patienten bis zum Alter von 15 Jahren hat sich seitdem mit aktuell etwa 12.000 Fällen pro Jahr mehr als vervierfacht (ebd.). Daten des Kerndatensatzes der Deutschen Suchthilfestatistik (2016) sowie der EBDD (2017) weisen darauf hin, dass die Gruppe der Personen mit cannabisbezogenen Störungen infolge sinkenden Einstiegsalters in riskante Gebrauchsformen stetig größer und jünger wird (den größten Anteil an der Inanspruchnahme ambulanter und stationärer Suchthilfen machen cannabisbezogene Behandlungsanlässe bei den 15- bis 19-Jährigen aus). Damit weisen diese Zahlen auf einen Trend hin, der sich alleine aus den bevölkerungsrepräsentativen Studien so nicht ablesen lässt.

Die Sinnhaftigkeit, Versorgungsdaten und weitere Indikatoren (bspw. Sicherstellungen beschlagnahmter Substanzen etc.) in die Betrachtung mit einzubeziehen, zeigt sich auch am Beispiel von kristallinem Methamphetamin (»Chrystal Meth«). Während sich aus den bevölkerungsrepräsentativen Studien (ESA, DAS) aufgrund niedriger bis marginaler Prävalenzen des Konsums ein geringer Problembedarf ableiten ließe, ist etwa in den Bundesländern nahe der Grenze zur Tschechischen Republik, wo Methamphetamin in Europa größtenteils hergestellt wird, eine durchaus erhebliche Problematik mit kristallinem Methamphetamin festzustellen (für einen Überblick siehe Arnaud & Thomasius 2017). Für den Blick auf die entstehenden Problemlagen und die Ableitung von Präventions- und Behandlungsbedarfen sind daher komplementäre und insbesondere regionale Versorgungsdaten wichtig.

3.2.1 Prävalenz pathologischen Glücksspiels (»Spielsucht«) und pathologischer Internetnutzung (»Internetsucht«)

Obwohl es in diesem Buch in erster Linie um substanzbezogene Störungen geht, soll aufgrund der Relevanz für das Jugendalter auch kurz auf die Verbreitung nicht stoffgebundener Suchtphänomene eingegangen werden. Eine Reihe von Studien legt nahe, dass ein relevanter Anteil der Bevölkerung eine Störung im Sinne abhängig ausgeführter Verhaltensweisen (z. B. internetbezogene Aktivitäten, Glücksspiel, exzessives Kaufen und Sexualverhalten) aufweist. Ein noch deutlich höherer Anteil zeigt eine als pathologisch einzustufende Problematik, die noch nicht das Ausmaß einer schweren Störung aufweist, aber zu negativen Konsequenzen führt oder führen kann. Eine von der Deutschen Gesellschaft für Psychiatrie und Psychotherapie, Psychosomatik und Nervenheilkunde (DGPPN) berufene Arbeitsgruppe kam zu dem Schluss, dass die Studienlage zu Glücksspielsucht und Internet- und Computerspielsucht eine Zuordnung dieser Störungsbilder zu den Suchterkrankungen zulässt (▶ Kap. 6). Daher und aufgrund der Relevanz für das Jugendalter beschränken wir die folgende Kurzdarstellung auf diese beiden Phänomene.

Zu beiden Störungsbildern sind in den letzten Jahren Studien vorgelegt worden, die das Ausmaß der Probleme aufzeigen. Gewerbliche Glücksspiele wie z. B. die Teilnahme an LOTTO oder Automatenspiele sind in Deutschland ein Alltagsphänomen und entsprechend weit verbreitet. Nach den jüngsten repräsentativen Daten der BZgA (2016) kann man davon ausgehen, dass deutlich über ein Drittel (37,3 %) der Gesamtbevölkerung in den letzten zwölf Monaten Geld dafür ausgegeben hat. Das Spielen an Geldspielautomaten macht dabei mit 2,6 % einen kleinen Teil aus (bei den Jugendlichen liegt der Anteil im gleichen Zeitraum bei 14,6 %). Weit verbreitet ist hingegen die Teilnahme an den als problematisch eingeschätzten illegalen Sportwetten, insbesondere unter jungen Männern im Alter von 18 bis 20 Jahren (12,8 %), die in Abhängigkeit zum Bildungsstatus und Migrationshintergrund eine besondere Risikogruppe für ein problematisches oder pathologisches Glücksspielverhalten darstellen (Prävalenz von 2,7 % gegenüber 0,8 % in der Allgemeinbevölkerung). Die Prävalenz problematischen oder pathologischen Glücksspielverhaltens bei Jugendlichen (unter 18 Jahren) wurde nicht erfasst. Laut einer Studie zu Pathologischen Glücksspielen und Epidemiologie (PAGE, Meyer et al. 2011) liegt der Anteil pathologischer Glücksspieler unter den 14- bis 17-Jährigen in Deutschland bei 1,5 % (gegenüber 0,3 % in der Gesamtbevölkerung; für einen Überblick weiterer epidemiologischer Studien siehe Hayer et al. 2014).

Auch von einem pathologischen Internetgebrauch bzw. einer Internetsucht sind Jugendliche und junge Erwachsene im Vergleich zur Allgemeinbevölkerung in Deutschland deutlich erhöht betroffen (Rehbein et al. 2013; Mößle et al. 2014). Rumpf und Kollegen (2011) ermittelten ebenfalls auf Basis der PAGE-Studie einen Anteil der Internetabhängigen in der Allgemeinbevölkerung (14 bis 64 Jahre) von 1 %, während der Anteil in der Altersgruppe der 14- bis 24-Jährigen mit 2,4 % bzw. sogar 4,0 % unter den 14- bis 16-Jährigen deutlich erhöht war. Zusätzlich konnte eine Gruppe identifiziert werden, die Merkmale eines riskanten Internetnutzungsverhaltens (riskant im Sinne einer Suchtgefährdung) aufwies. Die Prävalenzen waren mit 15,4 % bei den Jugendlichen wiederum deutlich am höchsten (zum Vergleich 4,6 % in der Gesamtstichprobe). In der derzeit aktuellsten repräsentativen Befragung, in der bundesweit zum ersten Mal die im DSM-5 vorgeschlagenen diagnostischen Kriterien für eine internetbezogene Störung berücksichtigt wurden, fanden Wartberg und Kollegen (2017) für 88 der insgesamt 1.531 Studienteilnehmer im Alter von 12 bis 25 Jahren einen positiven Befund für *Internet Gaming Disorder* (IGD). Die Prävalenzschätzung für IGD liegt demnach in dieser Altersgruppe in Deutschland bei 5,7 %. Für männliche Personen (8,4 %) ergab sich im Vergleich zu weiblichen Befragten (2,9 %) eine statistisch signifikant höhere Prävalenzschätzung.

Im Rahmen der europäischen SEYLE-Studie (*Saving and Empowering Young Lives in Europe*; Wartberg et al. 2017) wurden außerdem umfassende Daten zu psychopathologischen Faktoren, problematischem Alkohol- und Internetgebrauch bei N = 1.444 Schülerinnen und Schülern in Süddeutschland gesammelt. In dieser Stichprobe zeigte sich bei 5.6 % der Befragten ein problematischer Alkoholgebrauch und bei 4,8 % ein problematisches Internetnutzungsverhalten. Einen kombiniert problematischen Internet- und Alkoholgebrauch berichteten 0,8 % der Befragten, bei denen auch emotionale und Verhaltensprobleme am stärksten ausgeprägt waren.

4

Klinik, Verlauf und Prognose

4.1 Begriffsbestimmung und klinische Symptomatik

Psychoaktive Substanzen sind Stoffe, die über das zentrale Nervensystem auf den Organismus wirken und dabei Wahrnehmung und Urteilsvermögen, Stimmung, Kognition und Motorik verändern. Je nach pharmakologischer Wirkungsgruppe dauern die akuten Wirkungen unterschiedlich lange an und verringern sich meistens binnen Stunden (selten binnen Tagen) nach der Einnahme. Grob lassen sich die etwa zehn Substanzklassen (WHO 2014 ▶ Kasten: Stoffgruppen) in die drei Wirkungsgruppen Sedativa, Stimulanzien, Halluzinogene aufteilen (vgl. Tretter & Müller

2001), die zwar nicht grundsätzlich wirkungsdistinkt sind, sich aber in ihrer pharmakologischen und psychophänomenologischen Wirksamkeit (freilich in Abhängigkeit konsumentenspezifischer Faktoren, wie Konsumerwartung und individueller Reagibilität) ähneln. (Die BZgA bietet unter https://www.drugcom.de/drogen lexikon eine Übersicht der erwünschten und unerwünschten kurz- und langfristigen Wirkungen für ein großes Substanzspektrum im Internet an.)

Stoffgruppen mit Abhängigkeitspotenzial nach ICD-10 (WHO 2014)
- Alkohol
- Opiate
- Cannabinoide
- Sedativa oder Hypnotika
- Kokain
- Andere Stimulanzien inklusive Koffein
- Halluzinogene
- Tabak
- Flüchtige Lösungsmittel
- Multipler Substanzgebrauch und sonstige psychotrope Substanzen

Zu den Substanzen mit überwiegend sedierender Wirkung werden Opiate und weitere Sedativa (z. B. Tranquilizer, Benzodiazepine und Barbiturate) sowie Alkohol gezählt, wobei die alkoholbedingte Sedierung meist nicht unmittelbar einsetzt und Alkoholkonsum bei Jugendlichen aufgrund der enthemmenden Wirkung beliebt ist (Kuntsche et al. 2006). Bei den stimulierenden Substanzen sind die illegal gehandelten Stimulanzien Amphetamin (»Speed«) und sein potenteres Derivat Methamphetamin sowie das chemisch eng verwandte Methylendioxymethylamphetamin (MDMA; »Ecstacy«) verbreitet und unter dem Begriff der *amphetamine-type-stimulants* (ATS) zusammengefasst. Die Gruppe der Halluzinogene umfasst eine Reihe sehr unterschiedlicher pflanzlicher und synthetischer Substanzen (Pilze, Meskalin, Nachtschattengewächse, Psylocybin, Phencyclibin (»PCP«, »Angel Dust«), LSD oder Ketamin), denen gemeinsam ist, dass sie tiefgreifende psychische Veränderungen in der Wahrnehmung, beispielsweise im Erleben von Raum und Zeit, hervorrufen. Die am weitesten verbreitete illegale Substanz Cannabis kann alle drei Eigenschaften (sedierend, stimulierend, halluzinogen) besitzen. Die jeweilige Wirkung ist abhängig von situativen und Konsumentencharakteristika sowie Konsum- und Zubereitungsform. Je nachdem, ob Cannabis in Form von Haschisch (aus dem Harz der Blütenstände) oder dem zuletzt in seinem zentralen Wirkstoffgehalt THC als deutlich potenter gehandelten Marihuana (getrocknete Blüten und Blätter der Cannabispflanze) konsumiert wird, intensivieren sich sowohl die akuten euphorisierenden, entspannenden und halluzinogenen Effekte als auch die langfristig problematischen Folgen (wie etwa die Entwicklung psychotischer Symptome).

Allen Stoffen gemeinsam ist das kurzfristige Eingreifen in die psychophysiologischen Vorgänge des Gehirns, welches Rauschzustände herbeiführt und bei anhaltendem Konsum eine direkte Aktivierung des neuronalen Belohnungssystems verursacht (Goldstein et al. 2011). Dies ist für das mehr und mehr kontrollgeminderte Verlangen nach Konsum oder bestimmten Verhaltensweisen zu Lasten anderer Interessen, trotz teilweise erheblicher negativer Folgen (die auch als solche erlebt werden), ausschlaggebend für die klinische Einschätzung des Suchtmittelkonsums (Heinz 2014).

4.2 Folgen des Substanzkonsums

Was sich hinter den hier bereits angedeuteten diagnostischen Kriterien für Suchterkrankungen an gesundheitlichen Risiken und psychosozialer Fehlanpassung verbirgt, ist nicht selten auf breiter

Front verheerend. Substanzmissbrauch kann abhängig von Art, Dauer und Umfang der konsumierten Substanzen, dem Ausmaß vorhandener komorbider psychischer Störungen und psychosozialen Problemkonstellationen, die den Missbrauch begleiten, zu erheblichen gesundheitlichen Schäden, verringerter Lebenserwartung und sozialer Desintegration führen. Etwa ein Drittel der Verkehrsunfälle mit Todesfolge in der Altersgruppe der 15- bis 20-Jährigen steht in Verbindung mit dem Substanzkonsum und insbesondere Alkohol (Levy, Vaughn & Knight 2002). Substanzkonsum trägt wesentlich zu den Risiken bei, als Täter oder als Opfer an Gewalthandlungen beteiligt zu sein. Besonders für Mädchen stellen darüber hinaus ungewollte und/oder ungeschützte sexuelle Kontakte im Rauschzustand eine Gefährdung dar, die zu ungewollten Schwangerschaften und Geschlechtskrankheiten und Traumatisierungen durch Vergewaltigungserlebnisse führen können. Mädchen, die Rauschtrinken praktizieren, haben ein dreifach erhöhtes Risiko, Opfer ungewollter sexueller Handlungen zu werden (Champion et al. 2004). Dadurch kann es zu körperlichen, psychischen und sozialen Folgen durch Traumatisierungen, Verletzungen und Konflikten mit der Polizei kommen. Im alkoholisierten Zustand kommt es vermehrt auch zu anderen Straftaten, wie z. B. alkoholisiertem Autofahren. Substanzkonsum steht im Zusammenspiel mit depressiven Störungen und kritischen Lebensereignissen außerdem häufig in Verbindung mit Suizidversuchen und vollendeten Suiziden bei Jugendlichen (Neeleman & Farrell 1997). Die sozialen Systeme, in die auch eine gelungene psychosoziale Entwicklung normalerweise eingebettet ist, und insbesondere die Herkunftsfamilien sind von Suchtstörungen häufig schwer belastet (Orford 2013). Häufig werden Schul- und Berufsausbildung vorzeitig in Folge übermäßigen Konsums beendet. Psychosoziale Probleme verschärfen sich im Verlauf der Suchterkrankung teilweise erheblich, u. a. durch eine Tendenz zur Einengung im sozialen Umgang mit Gleichgesinnten und sich dadurch weiter bekräftigenden missbrauchsbezogenen Aktivitäten (Weichold, Bühler & Silbereisen 2008). Straftaten im Rauschzustand oder Beschaffungskriminalität und daraus resultierende legale Probleme können im Verlauf ebenfalls zunehmen. Viele Suchtkranke leiden dann ein Leben lang unter ihrer Erkrankung, weil Angebote im Hilfesystem gar nicht oder erst nach langer Zeit in Anspruch genommen werden (Grant et al. 2015).

Die mit dem Konsum verbundenen Gesundheitsrisiken können in Abhängigkeit des Entwicklungsstatus stark variieren. D. h. die Wirkung psychotroper Substanzen ist – bei gleicher Menge – je nach Alter bzw. Entwicklungsstand mit unterschiedlichen Risiken verbunden. Neben den klaren schädlichen Effekten pränataler Exposition psychotroper Substanzen weisen etliche Studien mit Tieren und Menschen auf persistierende biologische Effekte beispielsweise durch Alkoholkonsum im Jugendalter hin. So belegen Tierstudien, dass eine Reihe von Hirnregionen adoleszenter Versuchstiere, zumindest bei chronischer oder der Einnahme größerer Mengen von Alkohol, deutlich schwerer und längerfristiger beeinträchtigt waren als Erwachsene mit derselben Dosierung (Überblick bei Masten et al. 2008). Adoleszente stellen vor dem Hintergrund der Verbreitung des Substanzkonsums in jungen Jahren insbesondere aufgrund der massiven hormonellen und neuronalen Umstrukturierungsprozesse eine Risikogruppe für substanzbezogene Probleme, einschließlich substanzinduzierter Psychosen (▶ Kasten: Vertiefung) dar (Crews & Hodge 2007).[2]

Dabei sind sich die Jugendlichen der negativen Konsequenzen des übermäßigen Substanzkonsums in verschiedenen Lebensbereichen durchaus bewusst, wie eine US-amerikanische Studie (Johnston et al. 1998) unter konsumerfahrenen Schülern und Schülerinnen nahelegt. Nach Ansicht der Befragten führt Substanzkonsum

---

1 Auf den Zusammenhang zwischen Substanzgebrauch und möglichen Folgen für die Entwicklung des adoleszenten Gehirns gehen wir aus Platzgründen nicht detailliert ein. Für einen Überblick über die Auswirkungen des Konsums der im Jugendalter prävalenten Substanzen Alkohol, Cannabis und Stimulanzien auf die Entwicklung der Gehirnfunktionen im Jugendalter siehe Tapert 2007.

dazu, dass sich riskante und unangenehme Erfahrungen häufen (z. B. im Straßenverkehr oder in der Sexualität), dass es zu kognitiven Beeinträchtigungen (»klar denken«, schlechtere Schulleistungen) sowie gesundheitlichen (emotionale Labilität, Energie- und Interessenverlust) und sozialen Problemen (Probleme mit Freunden, Familie, Lehrern, Polizei) kommt. Eine repräsentative Befragung von 15- bis 16-jährigen Schülern ergab ähnliches auch für deutsche Jugendliche: 36,7 % der Befragten meinte, dass ihr Alkoholkonsum ihre Gesundheit gefährde, 25,6 % gaben an, unter Alkoholeinfluss Dinge zu tun, die man später bereue. Allerdings überwogen in dieser Befragung insgesamt die positiven Wirkerwartungen (gesteigerte Kontaktfreude, Glücksempfindungen, Entspannung), die ebenfalls erhoben wurden, deutlich. Über drei Viertel der Jugendlichen gaben an, dass sie Alkohol konsumierten, um »viel Spaß zu haben«. Immerhin 41,4 % der Befragten gaben an, zu trinken, um die eigenen Probleme zu vergessen, womit internationale Literatursynthesen (Kuntsche et al. 2006) angenähert werden, die besagen, dass etwa zwei Drittel der Jugendlichen Rauschtrinken betreiben, weil sie erwarten, im alkoholisierten Zustand mehr Spaß zu haben, aufregendere Situationen zu erleben und leichter soziale Kontakte, insbesondere auch romantische Kontakte, aufbauen zu können (▶ Tab. 4.1). Ungefähr ein Drittel der Jugendlichen trinkt allerdings aus der Motivation heraus, unangenehme Emotionen, Stress oder Spannungen zu vermeiden (»Selbstmedikationshypothese«), was auf einen missbräuchlichen Konsum schließen lässt.

> **Vertiefung: Drogenkonsum und Psychosen**
> Dass Drogen wie Cannabis, Kokain, (Meth-)Amphetamin bei Intoxikationen ein psychotisches Erleben und affektive Störungen (depressive Störungen bzw. Angsterkrankungen) auslösen können, ist gut belegt. Für Cannabis liegen außerdem Studien vor, die zeigen, dass der Konsum dieser Substanz auch nach Intoxikation und sogar der Beendigung des Konsums langfristig

risikosteigernd insbesondere für psychotische Erkrankungen ist (der risikosteigernde Effekt auf die affektiven Störungen fällt deutlich geringer aus; Moore et al. 2007). Dabei scheint – obwohl grundsätzlich eine dosisabhängige risikosteigernde Wirkung gilt – insbesondere eine familiär-genetische Vulnerabilität für die erhöhte Sensitivität für die schädlichen Folgen des Cannabiskonsums zu disponieren. Cannabis und andere Drogen sind vorzugsweise dann risikosteigernd für Psychosen, wenn sie in kritischen Phasen der Adoleszenz konsumiert werden. Denn in diesem Entwicklungsstadium beeinflussen sie die Hirnentwicklung in besonderer Weise (vgl. Tapert 2007). Im höheren Lebensalter sind langfristige Psychoserisiken nach Absetzen der Droge nicht berichtet.

4.3 Verlauf und Prognose

4.3.1 Jugendtypischer Substanzkonsum

Das Jugendalter ist eine Phase der physiologischen und sozialen Reifung und des Übergangs von der Kindheit ins Erwachsenenalter, die sich u. a. aufgrund der langen Ausbildungswege in den industrialisierten Gesellschaften bis in die zweite Lebensdekade strecken kann (Arnett 2004). Es ist eine Lebensphase, die geprägt ist von einer individuellen und sozialen Neuorientierung, die mit großen Möglichkeiten verbunden ist, sowie veränderten Entwicklungsanforderungen, die nicht selten mit ernsthaften Krisen einhergehen. Das Jugendalter ist zudem geprägt durch eine unterentwickelte Integration neurokognitiver Systeme, die einer jugendtypischen Experimentierfreude Vorschub leistet und eine zentrale Rolle für sozial eingebettete Risikoverhaltensweisen, zu denen auch der Substanzmissbrauch zu zählen ist, spielt (Pharo et al. 2011; Schneider et al. 2012; Kwon et al. 2014) (▶ Kap. 5). Zumindest der Konsum »weicher« Substanzen (insbesondere Tabak, Alkohol und Cannabis), der üblicherweise in sozialen Situationen stattfindet, wird dabei subjektiv funktional zu den adoleszenztypischen Entwicklungsaufgaben eingesetzt und erhält dadurch auch eine gewisse Normativität (vgl. Silbereisen & Reese 2001). Dass der Substanzkonsum im Jugendalter für die Autonomie- und Identitätsentwicklung und eine Reihe von weiteren Entwicklungsaufgaben (▶ Tab. 4.1) tatsächlich zuträglich sein kann, beweist eine Reihe von Studien (für einen Überblick siehe Thomasius, Stolle & Sack 2009).

Aus psychopathologischer Sicht ist die Adoleszenz aber auch eine vulnerable Phase für Suchtstörungen und eine Reihe weiterer psychischer Störungen, da sich in dieser Phase typischerweise erstmals eine klinisch relevante Symptomatik zeigt (Wittchen et al. 2008). In einer großangelegten US-amerikanischen Studie (Grant et al. 2004) beispielsweise war die 12-Monats-Prävalenz der Alkoholabhängigkeit bei den 18- bis 20-Jährigen von allen Altersgruppen sogar am höchsten (und lag demnach vor dem dortigen Mindestalter für Alkoholkonsum von 21 Jahren).

Der normative alterskorrelierte Verlauf des Konsums legaler und illegaler Substanzen (v. a. Alkohol und Cannabis) über die Lebenspanne kennzeichnet sich durch die Initiierung des Konsums im frühen Jugendalter, meist im Alter zwischen 13 und 14 Jahren, und eine mehr oder weniger kontinuierliche und teilweise drastische Steigerung der Konsummengen und -häufigkeiten, insbesondere bei den männlichen Heranwachsenden bis ins junge Erwachsenenalter (Masten et al. 2008; Muthen & Muthen 2000; Kandel & Logan 1984). Über das Erwachsenenalter nehmen der übermäßige Alkoholkonsum und auch die besonders riskanten alterskorrelierten Konsummuster (Rauschtrinken) wieder ab. Die aktuellen Befunde des ESA (Piontek et al. 2016a, 2016b) bestätigen diese typischen Konsumverläufe (die 30-Tage-Prävalenz des Rauschtrinkens liegt bei den 18- bis 24-Jährigen mit 43,2 % mehr als doppelt

Tab. 4.1: Entwicklungsaufgaben und Funktionen des Substanzkonsums in der Adoleszenz (Reese & Silbereisen 2001)

Entwicklungsaufgaben	Funktionen des Substanzkonsums
Wissen, wer man ist und was man will (Selbstkonzept und Identität)	Ausdruck persönlichen Stils Suche nach grenzüberschreitenden, bewusstseinserweiternden Erfahrungen und Erlebnissen
Aufbau von Freundschaften; Aufnahme intimer Beziehungen	Erleichterung des Zugangs zu Peergruppen Exzessiv ritualisiertes Verhalten Kontaktaufnahme zu gegengeschlechtlichen Peers
Ablösung von den Eltern	Unabhängigkeit von den Eltern demonstrieren Bewusste Verletzung der elterlichen Kontrolle
Übernahme von Verhaltensweisen Erwachsener	Demonstration, Vorwegnahme des Erwachsenseins
Lebensgestaltung und -planung	Teilhabe an subkulturellem Lebensstil Spaß haben und Genießen
Eigenes Wertesystem	Gewollte Normverletzung Ausdruck sozialen Protests
Entwicklungsprobleme	Ersatzziel verwehrter normativer Entwicklungsziele Stress- und Gefühlsbewältigung (Notfallreaktion)

so hoch wie bei den 40- bis 59-Jährigen mit 20,1 %). Der Konsum illegaler Substanzen folgt, wenn auch auf deutlich geringerem Niveau, demselben Muster und lässt sich für das gesamte im ESA erfasste Spektrum psychotroper Substanzen ablesen (bspw. liegt die 12-Monats-Prävalenz des Cannabiskonsums bei den 18- bis 20-Jährigen mit 20,5 % etwa fünfmal so hoch wie bei den 40- bis 49-Jährigen mit 4,0 %).

Angesichts dieser normativen Verlaufsmuster ist klar, dass nicht jeder übermäßige Substanzkonsum im Jugendalter aus suchtätiologischer Sicht relevant ist (selbstverständlich bestehen dennoch erhebliche Risiken, ▸ Kap. 4.2). Es ist eher so, dass für die große Mehrzahl der Jugendlichen bzw. jungen Erwachsenen der riskante und häufig missbräuchliche Konsum legaler und illegaler Substanzen – das gilt analog für weitere, externalisierende jugendtypische Problem- und Risikoverhaltensweisen wie Gewalt und Delinquenz – eine temporäre, auf die Adoleszenz und das frühe Erwachsenenalter beschränkte Verhaltensauffälligkeit darstellt, die in der weiteren Entwicklung zunehmend mit den sich verändernden gesellschaftlichen Anforderungen kollidiert und meist eingestellt wird. Terry Moffitt (1993) hat für diesen unter entwicklungspsychologischen Gesichtspunkten eher normativen Entwicklungsverlauf den Begriff »adolescence-limited« geprägt, während sich bei einer Minderheit aufgrund entsprechender Risikofaktoren aber langfristig eine psychische Störung entwickelt. Bei diesen sogenannten »life-course-persistents« treten bereits in früher Kindheit Anpassungsstörungen und Problemverhalten auf, die sich über die weitere Entwicklung kontinuierlich kumulieren und schließlich als Störung manifestieren. Allein anhand der Konsummengen und Konsumhäufigkeiten im Jugend- und jungen Erwachsenenalter kann im Grunde nicht genau gesagt werden, ob die Gefahr langfristig problematisch verfestigter Konsumgewohnheiten besteht oder nicht (wenngleich bei denjenigen, bei denen dies der Fall ist, überwiegend bereits früh und exzessiv konsumiert wurde).

4.3.2 Jugendtypischer Substanzkonsum vs. Substanzmissbrauch

Von wesentlicher Bedeutung ist die Frage, wie ein problematischer Verlauf von einem vorübergehenden Missbrauch, der langfristig folgenlos bleibt, abgegrenzt werden kann. Dabei sollte auch gesagt werden, dass (zunächst ohne Berücksichtigung alterstypischer Besonderheiten) im Allgemeinen von einem verantwortlichen Konsum gesprochen werden kann, wenn es sich um mäßigen Konsum (legaler Substanzen) in tolerierten Situationen (z. B. nicht im Straßenverkehr oder in der Schwangerschaft) handelt, der angemessen (z. B. nicht zur Selbstmedikation, kein kombinierter Konsum verschiedener Substanzen) eingesetzt wird und mit ausreichend Wissen um die Wirkungsweise und Folgen des Substanzkonsums einhergeht (vgl. Franzkowiak & Schlömer 2003). Allerdings ist zu bedenken, dass angesichts der kurzfristigen Häufung beispielsweise von Alkoholräuschen im Jugendalter (▶ Kap. 3) diese Betrachtung wenig hilft, um die Grenze zu einem klinisch relevanten Konsum im Jugendalter zu ziehen (Thomasius et al. 2009).

Unter Berücksichtigung dieser Umstände haben Newcomb und Bentler (1989) bereits vor längerer Zeit entwicklungsbezogene Kriterien vorgeschlagen, die zur Unterscheidung von normalem Gebrauch und kurzfristigem oder gar chronischem Missbrauch psychotroper Substanzen speziell für das Jugendalter herangezogen werden können und die auch heute noch Bestand haben:

- *Substanz und Konsumumstände:* die verschiedenen psychotropen Substanzen unterscheiden sich hinsichtlich akuter physiologischer und psychotroper Effekte sowie gesundheitlicher Auswirkungen erheblich. Missbrauch liegt vor, wenn Substanzen mit einem hohen gesundheitlichen Risikopotenzial konsumiert werden. Substanzunabhängig wird jeder Konsum großer bzw. mittlerer Mengen über längere Zeit sowie kleiner Mengen in unangemessenen Situationen (am Ausbildungsplatz, bei der Teilnahme am Straßenverkehr etc.) als Missbrauch bewertet.
- *Person:* Missbrauch liegt vor, wenn die persönlichen und physiologischen Voraussetzungen für einen verantwortungsvollen Substanzgebrauch nicht erfüllt werden oder wenn durch den Konsum die altersgerechte Entwicklung behindert wird (regelmäßiger Konsum vor der Pubertät, Konsum ohne relevante Wissens- und Entscheidungsgrundlagen etc.).
- *Reaktion:* Relevante Kriterien für einen Missbrauch sind Anzeichen einer körperlichen Abhängigkeit, substanzbedingte Einschränkungen der Funktionstauglichkeit und die zunehmende

Unfähigkeit, den Anforderungen des Alltags gerecht zu werden.
* *Konsequenzen:* Missbrauch liegt vor, wenn die Gesundheit durch Substanzgebrauch beeinträchtigt wird, soziale Beziehungen ungünstig beeinflusst werden, Gewalttätigkeit auftritt und Rechtsbrüche erfolgen.

Allerdings ist das klinische Bild von Kindern und Jugendlichen mit substanzbezogenen Störungen ausgesprochen heterogen. Stolle und Kollegen (2009) nennen daher weitere Symptome/Anzeichen, zu denen bestimmte, meist plötzlich auftretende Verhaltens- und Umgebungsmerkmale gehören, die einen ersten unspezifischen und teilweise auch sehr klaren Warnhinweis auf einen Substanzmissbrauch geben können (vgl. auch Ali et al. 2011):

* Schwierigkeiten und Leistungseinbußen in Schul- und Berufsausbildung
* Konzentrationsschwäche und Unruhezustände
* Veränderte Muster in der Beziehungsaufnahme und -gestaltung bzw. Rückzug aus sozialen Kontakten (auch im Elternhaus)
* Stimmungsschwankungen und Störungen des Sozialverhaltens mit Impulsdurchbrüchen, Aggressivität, Affektlabilität
* Veränderung von Freizeitinteressen
* Anschluss an Gleichaltrige mit einem Substanzmissbrauch, »Szenemode«
* Auffinden bestimmter Zubereitungen von Tabakprodukten, alkoholischen Getränken und Drogen (Harze, Pflanzen, Pilze, Samen, Lösungen, Tabletten, Pulver, bedrucktes Löschpapier, etc.) sowie Applikationsutensilien (Zigarettenpapier, Silberfolie, Kerze, Löffel, Spritzenbesteck, Schlauch, Glaspfeife, etc.)
* Auftreten von substanzinduzierten psychopathologischen Syndromen und körperlichen Folgeerkrankungen
* Hinweise auf Verwahrlosung/Vernachlässigung der Körperhygiene
* Hinweise auf Dissozialität/Beschaffungskriminalität/Prostitution

4 Klinik, Verlauf und Prognose

Eine mittlerweile durch Forschung gut gestützte und durch nationale und internationale Leitlinienempfehlungen entsprechend verbreitete Möglichkeit, um riskanten Substanzgebrauch möglichst frühzeitig zu erkennen, ist der Einsatz von Screening-Fragebögen in der Primärversorgung (Hausärzte, Krankenhäuser, Pädiater). Diese Instrumente sind als Fragebögen (auch online) zur Selbstauskunft konzipiert und sind insbesondere beim Alkoholkonsum geeignet; sie haben meist nur wenige Items und eine entsprechend kurze Durchführungsdauer. Zudem können sie unmittelbar und unkompliziert ausgewertet werden und bieten oft die erste Grundlage, zu einer anschließenden Interventionsmaßnahme zu motivieren.

Die gängigen Screeningtests erfragen konsumbezogene Aktivitäten (z. B. Konsumhäufigkeit, Konsummenge), Einstellungen zum Substanzkonsum (z. B. schlechtes Gewissen, Kontrollverlust) sowie mögliche negative Konsequenzen des Konsums (z. B. Probleme mit dem Partner/der Familie). Im Vergleich zu den vielen vorhandenen Studien in der Allgemeinbevölkerung bzw. im Erwachsenenbereich liegen relativ wenige Studien vor, die die verschiedenen Screeninginstrumente bei Jugendlichen untersucht haben. Rumpf und Kollegen (2013) verglichen in ihrer Studie an Schülerinnen und Schülern der 9. und 10. Klasse in Norddeutschland die Validität des AUDIT (*Alcohol Use Disorder Identification Test*, Saunders et al. 1993), der Kurzform des AUDIT (AUDIT-C, C steht für »Consumption« und erfasst die drei Items Konsummenge, Konsumhäufigkeit und Häufigkeit des Rauschtrinkens), des POSIT (*Problem Oriented Screening Instument for Teenagers*), und des CRAFFT, bzw. CRAFFT-d (der Name »CRAFFT-d« steht für die Inhalte der 6 Items, die in dem Screening abgefragt werden: **C**ar, **R**elax, **A**lone, **F**riends, **F**amily, **T**rouble, wobei das »d« für die deutsche Übersetzung steht: Tossmann et al. 2009a, 2009b). Die Validität der Screeninginstrumente wurde anhand der Konvergenz mit den DSM-IV-Kriterien für Alkoholmissbrauch und -abhängigkeit sowie Angaben zum episodisch exzessiven Trinken (Rauschtrinken) geprüft. Die Autoren fanden bei allen vier Instrumenten zufriedenstellende bis gute psychometrische Merkmale und empfehlen – analog zur Population der Erwachsenen – den AUDIT-C mit seinen drei items für das Screening problematischen Alkoholkonmsums bei Jugendlichen. In einer systematischen Untersuchung der internationalen Literatur erwies sich allerdings der CRAFFT (▶ Tab. 4.2) für Jugendliche im Vergleich zu den verschiedenen anderen Screeningtests als besonders gut geeignet (Pilowsky & Wu 2013). Werden im CRAFFT zwei oder mehr Antworten mit »Ja« beantwortet, liegen Hinweise auf eine mögliche Entwicklung einer alkoholbezogenen Störung vor und weiterführende Diagnostik und Beratung sind angeraten. Ein hilfreicher Screeningtest zur Selbstbeurteilung für Drogenkonsum ist der für 12- bis 18-Jährige normierte und vom CRAFFT abgeleitete »RAFFT«, der Hinweise auf riskante, die Entwicklung einer substanzbezogenen Störung befördernde Konsummuster gibt (Laging 2005).

Tab. 4.2: CRAFFT-d – Screeninginstrument für problematischen Alkoholkonsum bei 12- bis 18-Jährigen (Tossmann et al. 2009a, mit freundlicher Genehmigung)

		ja	nein
1.	Bist du schon einmal unter Alkoholeinfluss Auto gefahren oder bei jemandem mitgefahren, der Alkohol getrunken hat?	☐	☐
2.	Trinkst du, um zu entspannen, dich besser zu fühlen oder damit du dich unter Freunden oder Bekannten wohler fühlst?	☐	☐
3.	Trinkst du Alkohol, wenn du alleine bist?	☐	☐
4.	Haben dir Familienangehörige oder Freunde schon mal geraten, weniger zu trinken?	☐	☐
5.	Hast du schon mal etwas vergessen, was du gemacht hast, als du Alkohol getrunken hast?	☐	☐
6.	Hast du schon mal Ärger mit anderen bekommen, als du Alkohol getrunken hast?	☐	☐

Anmerkung: Der CRAFFT ist als Akronym aus relevanten Konsumkontexten gebildet: **C**ar, **R**elax, **A**lone, **F**riends, **F**amily, **T**rouble. Bei zwei und mehr Zustimmungen liegen bei 12- bis 18-Jährigen Hinweise für ein Entwicklungsrisiko für eine substanzbezogene Störung vor. Analog zum Alkohol kann anhand des RAFFT (Laging 2005) auch der Konsum von illegalen Drogen erfragt werden.

Eine weitere Möglichkeit, Risiken jenseits der Schwere des Konsums der für das Jugendalter nur zum Teil brauchbaren formalen diagnostischen Leitlinien (▶ Kap. 6) zu erkennen, bieten Befunde aus Arbeiten, die mittels multivariater, personenbezogener Analyseverfahren in der Lage sind, Risikoprofile für einen fortgesetzt missbräuchlichen Substanzkonsum anhand weiterer relevanter Indikatoren zu bestimmen. In einer Arbeit zum Verlauf des Cannabiskonsums (Kandel & Chen 2000) zeigte sich etwa, dass neben einem frühen Einstieg in den Konsum auch eine erhöhte psychopathologische Symptombelastung sowie Delinquenz dazu beitrug, die langfristig Gefährdeten von denjenigen zu unterscheiden, die den Konsum auf die jungen Jahre begrenzten. Diestelkamp und Kollegen (2016) fanden in ihrer Analyse von deutschen Jugendlichen, die aufgrund einer akuten Alkoholintoxikation in einer Klinik behandelt wurden, Gruppen mit empirisch voneinander abgrenzbaren Konsummustern, bei denen die Zugehörigkeit zu einer Hochrisikogruppe für einen fortgesetzten Substanzmissbrauch in erster Linie durch das Vorhandensein psychosozialer Anpassungsprobleme vorhergesagt wurde, die aus Sicht der Autoren für die Unterscheidung zwischen interventionsbedürftigem Missbrauch und langfristig eher zu vernachlässigendem Experimentierkonsum zu beachten sind. Diese Interpretation spricht für das Vorliegen spezifischer Risikofaktoren (einschließlich psychischer Komorbiditäten und entsprechend prädisponierender Faktoren) jenseits der Konsumangaben, wie sie auch von prominenten entwicklungspsychopathologischen Modellen postuliert werden (z. B. Moffitt et al. 1993; Cicchetti & Rogosch 2002).

4.3.3 Verlaufsprognose der substanzbezogenen Störungen

Studien, die eine Verlaufsprognose der substanzbezogenen Störungen speziell für das Jugendalter ableiten ließen, sind selten. Allerdings lassen sich gewisse Entwicklungsstadien des Substanzkonsums (Weichold et al. 2008), die auch in den epidemiologischen

Studien angedeutet sind, durch vorhandene längsschnittliche Untersuchungen abbilden (z. B. Kandel & Yamaguchi 1999; Tarter 1999; Grant et al. 2001). Beispielsweise zeigt sich, dass die meisten Jugendlichen, die illegale Substanzen konsumieren, bereits früher Erfahrungen im Konsum von legalen Substanzen gemacht haben (Perkonnig et al. 2008). Diese Beobachtung legt eine musterhafte Abfolge in der Konsumsequenz hin zu harten illegalen Drogen nahe (»Gateway-Hypothese«). Für den späteren Konsum harter illegaler Drogen sind insbesondere der riskante Konsum von Alkohol (Rauschtrinken) und der Konsum von Cannabis relevant. Die Evidenz aus vorhandenen Längsschnittstudien weist weitere stadienspezifische Risikofaktoren aus, die eine Progression in der Konsumsequenz wahrscheinlicher machen (Chassin et al. 2013; Ryzin & Dishion 2014).

Wohlgemerkt fällt der Anteil derer, die sich ein progressives Muster aneignen, im Vergleich zur Grundgesamtheit – analog zu den bereits erwähnten epidemiologischen Befunden – immer geringer aus. Außerdem konnten Tarter und Kollegen (2006) in einer längsschnittlichen Studie (10- bis 12-Jährige wurden über 10 Jahre befragt) zeigen, dass ein gutes Fünftel der von ihnen untersuchten Cannabiskonsumenten vorher keine legalen Substanzen (Alkohol, Tabak) konsumiert hatte. Aus prototypischen Verlaufsmustern eine Zwangsläufigkeit (etwa Tabak, Alkohol und Cannabis als »Einstiegsdroge«) abzuleiten, wäre, wie die Urheber der ursprünglichen »Gateway-Hypothese« (Kandel 2000) selbst zu beachten geben, daher unpassend.

Klar scheint immerhin, dass ein früh einsetzender und heftig ansteigender und im Peer-Umfeld bestärkter Konsum für die Verlaufsprognose der substanzbedingten Störungen zentral ist (Barton et al. 2018). Im Übrigen hat sich außerdem das Vorhandensein u. a. folgender Merkmale als ungünstig erwiesen (für eine Übersicht siehe Petraitis et al. 1995, 1998):

- Konsumerleichternde gesetzliche Rahmenbedingungen und Verfügbarkeit

- Sozioökonomische Benachteiligung, geringer Bildungsstand, schulische Probleme und deprivierte soziale Umgebung
- Vorhandensein von und Anschluss an Vorbilder für den Missbrauch (Peers bzw. Gleichgesinnte)
- Elterlicher Substanzmissbrauch und andere psychische Störungen, Beziehungsprobleme zwischen Eltern und Kindern
- Frühe Auffälligkeiten und komorbide psychische Störungen

Demgegenüber hatten hohe Ausprägungsgrade der im Folgenden genannten Merkmale einen eher günstigen Einfluss auf die Verlaufsprognose bei Jugendlichen (vgl. Höfler et al. 1999):

- Angst vor negativen Folgen des Substanzkonsums
- Selbstvertrauen
- Psychosoziale Kompetenzen
- Abwesenheit komorbider psychischer Störungen
- Abstinente Peers
- Emotionale Unterstützung durch die Eltern

Wie in dieser kurzen Zusammenfassung bereits angedeutet ist, entsprechen die Risiko- und Schutzfaktoren für einen ungünstigen Verlauf, neben der Schwere des Konsums der »Vorläufersubstanz« und dem Alter des Einstiegs, ungünstigen personalen, familiären und sozialen Konstellationen, die auch den allgemeinen ätiologischen Modellvorstellungen von Suchtstörungen zugrundeliegen (▶ Kap. 5).

Für die Bereitschaft, eine Behandlung des Substanzmissbrauchs, die in vielen Fällen erheblich verzögert ist, aufzunehmen, spielen ebenfalls vielfältige Faktoren eine Rolle. Bezeichnend und herausfordernd ist eine Leugnung der mit dem missbräuchlichen Konsum eingehenden Probleme durch betroffene Jugendliche, aber auch durch deren soziales Umfeld (Eltern, Lehrer). Zudem sorgt der sich zunehmend eingeengte Kontakt zu ebenfalls substanzmissbrauchenden Peers und eine fehlende Bereitschaft zum Konsumverzicht dafür, dass sich süchtiges Verhalten über viele Jahre fortsetzt, bevor erst im fortgeschrittenen Stadium der Suchtentwicklung eine Behandlungsbereitschaft entsteht. Prochaska und Di Clemente (1986) haben modellhaft den Prozess beschrieben, in dem Problembewusstsein und Veränderungsbereitschaft im Verlauf der Suchterkrankung entstehen. Die Betroffenen durchlaufen demnach typischerweise wiederholt einen Zyklus aus Problemeinsicht, Behandlungsmotivation und Rückfall. Mit fortschreitendem Alter werden die Rückfallphasen kürzer und die Abstinenzphasen länger. Das Modell unterscheidet dabei *vier Phasen der Veränderungsbereitschaft*:

- Phase 1 ist durch fehlendes Problembewusstsein (Precontemplation) und fehlende Veränderungsbereitschaft gekennzeichnet.
- In Phase 2 (Contemplation) wird Problembewusstsein allmählich aufgebaut. Die Fähigkeit zur Selbstbeobachtung und die Reflexion der Bewertung des Substanzmissbrauchs durch andere sowie das Abwägen der Vor- und Nachteile des Substanzkonsums nehmen zu.
- In Phase 3 (Action) entwickelt sich eine ernsthafte Veränderungsbereitschaft; häufig wird nun eine Behandlung erwogen und schließlich auch initiiert.
- In Phase 4 (Maintenance) werden die Behandlungsziele erreicht und Veränderungen aufrechterhalten. Ein Rückfall (Relapse) und längere Phasen erneuten Substanzmissbrauchs können sich anschließen.

Zum ersten Behandlungsgesuch des suchtgefährdeten oder von Suchtstörungen betroffenen Jugendlichen bzw. jungen Erwachsenen können verschiedene Gründe beitragen. Konflikte mit Eltern, Lehrern oder Ausbildern infolge des Substanzmissbrauchs sind der häufigste Vorstellungsgrund. Weitere Anlässe sind psychische Verstimmungen (depressive Verstimmung, Antriebslosigkeit, Selbstzweifel, kognitive Störungen, innere Unruhe, Leeregefühl, Suizidalität), Leistungsstörungen (Schule, Berufsausbildung), negative Rauscherfahrungen (Panikattacken, Stimmungsschwankungen, Horrortrips, Impulsdurchbrüche, Intoxikationen) sowie substanzinduzierte psychiatrische Syndrome (starke Angst, affektive und psychotische Syndrome). Auflagen durch Familien- und Strafgerichte sowie körperliche Folgen und Langzeitschäden des Substanzmissbrauchs können ebenfalls zu einem Behandlungsgesuch führen.

Der Behandlungserfolg wird bei Jugendlichen und jungen Erwachsenen mit suchtbezogenen Störungen über drei verschiedene Parameter bestimmt: Haltequote (Prozentsatz an regulären Therapiebeendigungen), Erreichen der Therapieziele (v. a. Abstinenz, bei internetbezogenen Störungen Abstinenz der pathologischen Nutzungsform) und Rückfallquote. Die Haltequote gilt in der Literatur als bester Indikator für langfristigen Therapieerfolg. International liegt die Haltequote bei Jugendlichen über alle Behandlungsformen hinweg zwischen 60 und 65 %. In Familientherapien sind die Haltequoten mit etwa 70 bis 90 % am höchsten. Die Abstinenzquoten variieren in den Studien je nach Setting, Therapieform und Symptomatik teilweise erheblich und liegen bei Familientherapien bei Behandlungsabschluss bei 53 bis 73 %. Die Ein-Jahres-Katamnesen zeigen Abstinenzquoten zwischen 30 und 50 % (zusammengefasst bei Thomasius et al. 2016). Für die Behandlung von Cannabisabhängigen kann selbst bei sehr intensiven und strukturierten psychotherapeutischen (Hoch 2012) und kombinierten pharmakologischen und psychotherapeutischen Maßnahmen (Weinstein 2014) aktuell von einer Rückfallwahrscheinlichkeit binnen 3 Monate zwischen ca. 50 bis 81 % ausgegangen werden, die sich im Verlauf eines Jahres noch weiter erhöht.

Allgemein erreichen bei regulärer Beendigung der ambulanten Behandlung etwa 57 % der Jugendlichen das Abstinenzziel. In den Ein-Jahres-Katamnesen liegen die Abstinenzquoten international für Jugendliche nach ambulanter Behandlung bei 38 % und bei etwa 40 % nach stationärer Behandlung. Bei etwa 50 % der Patienten mit regulärem Behandlungsabschluss wird nach Ablauf eines Jahres keine Missbrauchs- oder Abhängigkeitsdiagnose mehr gestellt (vgl. Sack et al. 2004). Für einen Zwei-Jahres-Zeitraum findet man für Jugendliche international keine Referenzdaten. Folgende Indikatoren (vor, während und nach der Behandlung) sind für den Behandlungserfolg und die langfristige Prognose des Behandlungserfolges bei Jugendlichen ausschlaggebend (Winters et al. 2011), wobei der Nachbehandlung und der Beteiligung der Eltern daran sowie dem Vorhandensein psychischer Komorbidität eine besondere Bedeutung zukommt (Chung & Martin 2001):

- Dauer der Behandlung und reguläres Therapieende
- Geringer und später Einstieg in den Substanzkonsum bei Therapiebeginn
- Protektiv wirkende psychosoziale Schutzfaktoren (abstinente Peers, unterstützende Familiensituation, gute ökonomische Bedingungen, Schul- und Ausbildungsperspektive)
- Keine oder mild ausgeprägte komorbide psychische Störungen
- Intensität, Strukturiertheit und Berücksichtigung relevanter Entwicklungskontexte der Jugendlichen in der Therapie
- Flexibilität der Therapie im Hinblick auf jugendtypische Patientenbedürfnisse
- Inanspruchnahme von Nachsorgeangeboten
- Beteiligung der Eltern an Behandlungs- und Nachsorgeangeboten
- Gute Therapeut-Patient-Beziehung
- Erfahrungsreichtum des Therapeuten (weniger die formale Qualifikation)

Das höchste Rückfallrisiko besteht im ersten Monat nach Behandlungsende. Innerhalb von 3 Monaten werden etwa 50 % aller jugendlichen Patienten rückfällig, innerhalb von 6 Monaten steigt die Zahl auf 66 %. Bei Jugendlichen nimmt das Rückfallrisiko typischerweise zu, wenn Peers (insbesondere drogenaffine Freunde) sozialen Druck ausüben, Substanzen leicht verfügbar sind oder diese in der Herkunftsfamilie und von relevanten Peers konsumiert werden. Das Rückfallrisiko nimmt ebenfalls zu, wenn die Jugendlichen nicht an Programmen zur Nachsorge teilnehmen (Wagner & Tarolla 2002).

4.4 Komorbidität

Klinische und epidemiologische Untersuchungen zeigen eine deutliche und überzufällige Überschneidung zwischen Substanzmissbrauch und -abhängigkeit mit anderen (vorwiegend jugendpsychiatrischen) Störungsbildern (Conway et al. 2016). Von einer Komorbidität spricht man formal, wenn zusätzlich zu einer substanzbezogenen Störung mindestens eine weitere psychische Störung diagnostiziert wird. Im Kindes- und Jugendalter ist dies bei bis zu 80 % der Patienten der Fall (AACAP 2005) und damit eher die Regel als die Ausnahme. Psychische Komorbidität ist bei Jugendlichen mit Abhängigkeit stärker ausgeprägt als bei denjenigen, die die Kriterien für eine Missbrauchsdiagnose erfüllen. Auch junge Erwachsene weisen in einem sehr hohen Maße komorbide psychische Störungen auf, beispielsweise Persönlichkeitsstörungen (Gillespie et al. 2018).

Am häufigsten sind Störungen des Sozialverhaltens (je nach Untersuchung zwischen 28 und 62 %) mit und ohne Hyperaktivität und depressive und Angststörungen (16 bis 61 %) sowie Impulskontrollstörungen. Relevant sind weiterhin sozialphobische Störungen, Essstörungen (insbesondere Binge-eating/Purging und Bulimia nervosa), beginnende Borderline-Persönlichkeitsstörungen, substanzinduzierte Psychosen (durch Cannabis, Ecstasy, Amphetamine, Kokain, LSD) und schizophrene Psychosen (Fenton et al. 2012). Bei Jungen bzw. jungen Männern stehen die Störungen des Sozialverhaltens sowie kombinierte Störungen des Sozialverhaltens und der Emotionen, das ADHS und beginnende Persönlichkeitsstörungen (antisoziale und narzisstische Persönlichkeitsstörungen) im Vordergrund. Bei Mädchen bzw. jungen Frauen überwiegen depressive Störungen sowie Traumafolgestörungen (PTBS), Störungen der emotionalen Entwicklung und beginnende Persönlichkeitsstörungen (vor allem Borderline-Persönlichkeitsstörungen). Komorbidität stellt für die Diagnostik und Therapie eine weitreichende Herausforderung dar, etwa im Hinblick auf eine pharmakologische Begleittherapie bei ADHS und die Differenzialdiagnose. Zur Abgrenzung substanzinduzierter oder entzugsbezogener Symptome müssen die Symptome einige Wochen trotz Abstinenz bestehen (▶ Kap. 6).

Allgemein wird von einer wechselseitigen Beziehung zwischen dem Substanzmissbrauch und komorbiden psychischen Störungen (die Intensität der Belastung erhöht die Wahrscheinlichkeit des Auftretens der jeweils anderen) und Gemeinsamkeiten in der Ätiologie (▶ Kap. 5) für das Kindes- und Jugendalter ausgegangen. Für eine Einschätzung der komplexen Zusammenhänge und der zeitlichen Abfolge sind insbesondere prospektive längsschnittliche Arbeiten relevant. Zusammengenommen belegen die Studien einerseits einen bedeutsamen und komplizierenden Einfluss des Substanzmissbrauchs auf den Verlauf von prävalenten (und mit Suchterkrankungen häufig komorbid auftretenden) kinder- und jugendpsychiatrischen Erkrankungen – speziell bei Hyperkinetischem Syndrom, Störungen des Sozialverhaltens, affektiven Störungen und bei Subgruppen von Essstörungen. Andererseits lässt sich aber umgekehrt zeigen, dass die psychischen Störungen dem Drogenmissbrauch meist vorausgehen (Conway et al. 2016; Holtmann et al. 2011), was dann das Risiko für Alkohol- und anderen Substanzmissbrauch deutlich erhöht (z. B. im Sinne einer Selbstmedikation) und den Verlauf der Suchterkrankung negativ beeinflussen kann (z. B. indem Behandlungsprogramme abgebrochen werden).

Demnach stellen frühe Verhaltensprobleme und psychische Störungen einen bedeutenden Risikofaktor für die Prognose eines späteren Substanzmissbrauchs dar (▶ Kap. 5). Damit liegt dieser Beobachtung ein zentraler Bezug zu einer entwicklungspsychopathologischen Perspektive auf Suchtstörungen zugrunde (Cicchetti & Rogosch 2002; Pinquart & Silbereisen 2005). In dieser Sichtweise ist eine Suchtstörung als Entwicklungsergebnis zu einem bestimmten Zeitpunkt auf einem Kontinuum zu verstehen, für dessen psychopathologische Ausprägung bestimmte Vorläufersyndrome relevant sind. Die psychische Komorbidität könnte demnach als Hinweis für das Vorliegen gemeinsamer ätiologischer Vorläufer verschiedener Störungen gelten (vgl. Koglin und Petermann 2008). Dieses ist eines der Hauptmerkmale einer »entwicklungspsychopathologischen Perspektive«, in der psychische Störungen nicht als zeitstabile Kategorie aufgefasst werden, sondern als Prozess, dessen Ausprägung (etwa Substanzmissbrauch) sich je nach Entwicklungsabschnitt unterschiedlich manifestieren kann. Während sich einem entwicklungspsychopathologischen Störungsverständnis folgend eine Anpassungsstörung im Kindesalter z. B. durch aggressives Sozialverhalten zeigt, äußert sie sich im Jugendalter heterotypisch u. a. durch Alkohol- und Drogenmissbrauch. Unter dem Begriff der »heterotypischen Kontinuität« wird verstanden, dass das Vorliegen einer Störung das Auftreten einer anderen Störung zu einem späteren Zeitpunkt vorhersagt. Insbesondere für Substanzmissbrauch und andere Störungen im Spektrum der externalisierenden Störungen erscheint dies auf Grundlage von Studien plausibel (Castellanos-Ryan et al. 2014; für einen beispielhaften Überblick zu den ätiologischen Zusammenhängen zwischen ADHS und Suchtstörungen siehe Molina & Pelham Jr. 2014). Für einen heterotypischen Verlauf von Suchtstörungen sprechen auch die Ergebnisse einiger vielbeachteter Lebensspannen-übergreifender Studien (z. B. Mofitt et al. 2011; Caspi & Moffitt 2001). Diese Studien gehen von einem frühen Störungsbeginn in der Kindheit aus, deren heterotypischer Verlauf sich (bei Vorliegen und Kumulieren entsprechender Risikofaktoren in den jeweiligen Entwicklungsphasen) prototypisch von impulsiven Verhaltensauffälligkeiten (Kindergartenalter) über aggressiv-dissoziales Verhalten (Grundschulalter) zu Substanzmissbrauch und delinquentem Verhalten im Jugendalter und schließlich (prototypisch) zu antisozialen Persönlichkeitsstörungen, Abhängigkeit und schwerer Delinquenz im (späteren) Erwachsenenalter ausprägt.

Man darf trotz einiger Stabilität der gefundenen Zusammenhänge allerdings nicht vergessen, dass es in den Verläufen große Heterogenität gibt und ein Großteil der Kinder und Jugendlichen mit frühen psychischen Problemen langfristig keine klinisch relevanten Verlaufsmuster zeigt. Insgesamt braucht es weitere (längsschnittliche) Forschung zu den komplexen Konstellationen multipler Risiko- und Schutzfaktoren, die den teils heterogenen Verlaufsmustern zugrundeliegen.

5

Ätiologie und spezielle Suchtdynamik

5.1 Ursachen und Entstehung

In der Fachliteratur geht man heute übereinstimmend von einer *multifaktoriellen Verursachung* von psychischen- und Suchterkrankungen aus. Das heißt, keine Erkrankung ist ursächlich auf einen einzigen Vulnerabilitäts-/Risikofaktor zurückzuführen. In den ätiologischen bzw. pathogenetischen Modellvorstellungen (z. B. Tarter 1999; Lieb et al. 1997; Edwards et al. 1981) wird vielmehr angenommen, dass (z. B. genetische) Vulnerabilitäts- bzw. Anlagefaktoren in wechselseitigem Zusammenwirken mit weiteren (z. B. umgebungsbezogenen) Risikofaktoren, beginnend mit der Embryonalentwicklung über die gesamte Lebensspanne hinweg, für die Entstehung von Suchtstörungen prägend sind. Vulnerabilitäts- und Risikofaktoren sind biologische, psychologische und soziale Einfluss- bzw. Bedingungsfaktoren, die der Erkrankung vorausgehen, durch ungünstiges Zusammenwirken die Erkrankung verursachen und deren Verlauf bestimmen. Eine Störung entsteht bei hoher »Stressbelastung« (im breiten Sinne des Vorhandenseins von Risikofaktoren) in Abhängigkeit vom Ausmaß der Vulnerabilität: je größer die Vulnerabilität, je weniger »Stress« ist zur Krankheitsauslösung erforderlich (vgl. Klosterkötter & Maier 2017).

Allgemeine ätiologische Modelle (▶ Abb. 5.1) unterscheiden abgesehen von substanzspezifischen Eigenwirkungen (beispielsweise pharmakologisch und Wirkungserwartung) üblicherweise die Ebenen der Person (biologisch-genetische Faktoren, Alter und altersspezifische Entwicklungsaufgaben, Temperament und Komorbidität) bzw. deren psychobiologische Anfälligkeit (Vulnerabilität), eine substanzbezogene Störung zu entwickeln, sowie Merkmale der direkten (vor allem der Familie und der gleichaltrigen Bezugsgruppe oder Peers; Stressoren) und übergeordneten sozialen Kontexte. Letzteres betrifft etwa eine hohe Kriminalitätsrate und/oder Verfügbarkeit von Alkohol und Drogen in der unmittelbaren Umgebung, aber auch gesellschaftliche Normen und Werte im Umgang mit suchtfördernden Substanzen und Verhaltensweisen.

Die Gruppierung in diese Einflussgruppen entspricht Modellen der allgemeinen menschlichen Entwicklung (z. B. Lerner 2002). Jedoch fehlen entwicklungsorientierte Untersuchungen zu Art und Ausmaß der Interdependenzen zwischen den Faktoren. Früher und intensiver Alkoholkonsum ist beispielsweise mit genetisch stark beeinflussten Persönlichkeits- bzw. Temperamentsfaktoren (eher gesellschaftlich beeinflusste Merkmale sind z. B. substanzbezogene Überzeugungen) wie defizitärer Impulskontrolle, einem besonders in der Adoleszenz ausgeprägten hohen Stimulationsbedürfnis und geringen Fähigkeiten zum Belohnungsaufschub verbunden. Aus derlei angeborener Veranlagung entwickelt sich dann typischerweise früher Kontakt zu ebenfalls abweichenden Gleichaltrigen und frühes Problemverhalten, in dessen weiteren

Verlauf sich dann substanzbezogene Störungen typischerweise manifestieren. Zudem kann sich die Relevanz der Schutz- und Risikofaktoren mit dem Lebensalter verlagern. Während im Kindesalter Personen- (z. B. Temperament) und Familienmerkmale besonders wichtig sind, wird im Jugendalter zunehmend der Einfluss Gleichaltriger für den Substanzkonsum bedeutsam (Kaplow et al. 2002).

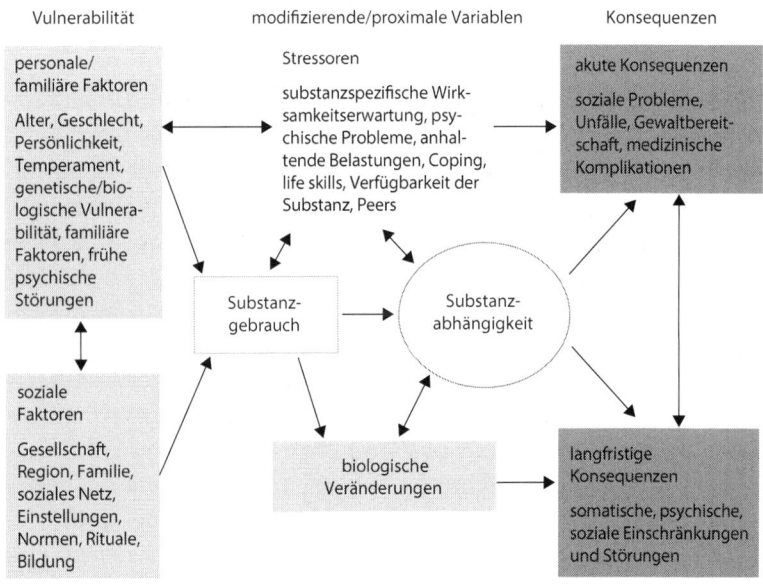

Abb. 5.1: Multifaktorielles Ätiologiemodell der Substanzabhängigkeit (modifiziert nach Lieb et al. 2000, S. 20, mit freundlicher Genehmigung von Hogrefe, und Thomasius et al. 2007, S. 901, mit freundlicher Genehmigung von Schattauer © J.G. Cotta'sche Buchhandlung Nachfolger GmbH, Stuttgart)

Zudem kann eine Sucherkrankung das Resultat völlig unterschiedlicher Risikokonstellationen und Entwicklungsverläufe sein. Dennoch können, ausgehend von der Beobachtung, dass nur ein relativ kleiner Anteil von Jugendlichen Suchtstörungen entwickelt,

Faktoren bestimmt werden (und bspw. für Prävention nutzbar gemacht werden), die, falls sie zu einem bestimmten Moment in der Entwicklung vorhanden sind, die individuelle Wahrscheinlichkeit einer Suchtstörung beeinflussen (Mrazek & Haggerty 1994). Der Kasten gibt einen Überblick über die bekannten Risiko- und Schutzfaktoren in Kindheit und Adoleszenz. Hierbei ist allerdings neben den fehlenden Studien zu den Interdependenzen zu beachten, dass a) ein einzelner Risiko- oder Schutzfaktor verschiedene Auswirkungen haben kann (»Äquifinalität«); b) sich verschiedene Risiko- und Schutzfaktoren auf ein Verhalten auswirken können (»Multifinalität«); c) Risikofaktoren (z. B. Impulsivität oder die soziale Nähe zu ebenfalls substanzmissbrauchenden Peers) auch das Resultat des Substanzmissbrauchs sein können (je nach zeitlicher Folge), d) die Risiko- und Schutzfaktoren (und der Substanzkonsum) sich wechselseitig beeinflussen (z. B. können sich Schutzfaktoren risikomildernd auswirken). Im Folgenden wollen wir kurz auf die wesentlichen biologischen und psychosozialen Risikofaktoren für die Entwicklung von Suchtstörungen eingehen (▶ Kap. 4). Eine umfassende Betrachtung der multiplen Faktoren, die für den Beginn und das Ausmaß des Substanzkonsums eine Rolle spielen, würde hier den Rahmen sprengen. Eine Übersicht findet sich in den Tabellen (▶ Tab. 5.1 und ▶ Tab. 5.2). Für die besondere ätiologische Bedeutung von komorbiden psychischen Störungen siehe ebenfalls das entsprechende Kapitel (▶ Kap. 4).

Risikofaktoren in Kindheit und Adoleszenz für eine spätere Schädigung durch Alkoholkonsum (nach Jordan & Sack 2009)
- Genetische Prädisposition
- Niedriger sozioökonomischer Status der Herkunftsfamilie
- Geschlecht des Jugendlichen »männlich«
- Problematischer Alkoholkonsum durch andere Familienmitglieder (v. a. der Eltern)
- Vernachlässigung und Misshandlung in der Kindheit

- Frühes Schulversagen
- Aggressivität
- Zugehörigkeit zu alkoholkonsumierender Peergroup in späterer Kindheit und Adoleszenz
- Externalisierende Verhaltensstörungen (Störung des Sozialverhaltens, unbehandeltes ADHS)
- Delinquenz in der Frühadoleszenz
- Impulsivität und Neugier (›Sensation/Novelty Seeking‹) in der Adoleszenz

Schutzfaktoren in Kindheit und Adoleszenz gegen eine spätere Schädigung durch Alkoholkonsum (nach Jordan & Sack 2009)
- Ausgeglichenes Temperament
- Soziale und emotionale Kompetenzen
- Wenige Konflikte mit den Eltern
- Positive Eltern-Kind-Kommunikation
- Religiosität/Spiritualität in der Adoleszenz

5.1.1 Genetische Disposition

Ein prototypisches Beispiel für eine wechselseitige Beziehung zwischen Anlage und Risikofaktoren liefert die genetische Forschung. Zum Beispiel konnte in einer schwedischen Studie (Kendler et al. 2014) gezeigt werden, dass Drogenmissbrauch und -abhängigkeit bei Männern zu ca. 50 % auf genetische Faktoren zurückzuführen war (andere Studien kommen auf ähnliche Befunde, vgl. Heinz et al. 2012). Allerdings handelt es sich dabei keineswegs um zwangsläufige oder »schicksalhafte« Zusammenhänge. Es ist eher so, dass die von genetischen Faktoren beeinflussten neurobiologischen Mechanismen, die dazu disponieren, verstärkt Alkohol zu konsumieren, durch umgebungsbezogene Faktoren moduliert werden. Im Falle von Alkohol liegt die genetische Disposition zur Ent-

Tab. 5.1: Risikofaktoren des Kindes- und Jugendalters für spätere Schädigungen durch Substanzkonsum

Altersunspezifische Risikofaktoren	Erhöhtes Risiko
Soziale Benachteiligung der Herkunftsfamilie	Direkte und indirekte Schädigungen durch Alkohol- und anderen Substanzkonsum
Alleinerziehender Elternteil	Häufigerer Substanzkonsum (auch Cannabis und polyvalent) im Jugendalter
Genetische Prädisposition	Alkoholkonsum (modifiziert durch soziales Umfeld, v. a. die Familie)
Geschlecht des Jugendlichen »männlich«	Alkoholkonsum (*nicht* genereller Substanzgebrauch)
Vorgeburtlicher Tabak- und Alkoholgebrauch der Mutter	Beeinträchtigte Entwicklung (indirekte Risikoerhöhung für Schädigungen)
Substanzkonsum durch andere Familienmitglieder (v. a. der Eltern)	Früheres Einstiegsalter für die betreffende Substanz
Risikofaktoren der frühen Kindheit (bis 4 Jahre)	**Erhöhtes Risiko**
Vernachlässigung, Misshandlung	Beeinträchtigte Entwicklung (indirekte Risikoerhöhung für Schädigungen)
Risikofaktoren der Kindheit (5–11 Jahre)	**Erhöhtes Risiko**
Frühes Schulversagen	Schädlicher Alkoholkonsum
Verhaltensstörungen	Schädlicher Alkoholkonsum im Adoleszentenalter (modifiziert durch die Familie als Protektivfaktor)
Aggressivität	Alkoholkonsum, polyvalenter Konsum im Frühadoleszentenalter
Gute Beziehungen zu Substanzen konsumierenden Peers in später Kindheit	Schädlicher Alkoholkonsum, häufigerer und früherer Konsum illegaler Substanzen

Tab. 5.1: Risikofaktoren des Kindes- und Jugendalters für spätere Schädigungen durch Substanzkonsum – Fortsetzung

Risikofaktoren der Kindheit und Präadoleszenz (12–17 Jahre)	Erhöhtes Risiko
Billigende Einstellung der Eltern zu Substanzkonsum in der späten Kindheit	›Vorzeitiger‹ Konsumbeginn der jeweiligen Substanz(en)
Höherer sozioökonomischer Status der Familie in der Frühadoleszenz	Häufigerer Konsum illegaler Substanzen im jungen Erwachsenenalter
Eltern haben Probleme mit eigenem Konsum von Alkohol/anderen Substanzen in der Frühadoleszenz des Kindes	›Vorzeitiger‹ Konsumbeginn von Alkohol, intensiverer Alkoholkonsum in der Adoleszenz
Enge Beziehungen zu Substanzen konsumierenden Peers in der Adoleszenz	Schädlicher Alkoholkonsum, häufigerer und früherer Konsum illegaler Substanzen
Schulabbruch	Häufigerer Konsum von Substanzen im jungen Erwachsenenalter
Externalisierende Verhaltensstörungen, Delinquenz in der Frühadoleszenz	Schädlicher Alkoholkonsum, häufigerer und früherer Konsum illegaler Substanzen
›Sensation/Novelty Seeking‹ in der Adoleszenz	Alkoholkonsum, polyvalenter Konsum im Frühadoleszentenalter
Billigende Einstellung in der schulischen Umgebung zu Substanzkonsum	›Vorzeitiger‹ Konsumbeginn der jeweiligen Substanz(en)

Anmerkung: Resultate eines Systematischen Reviews des australischen ›National Drug Research Centre and the Centre for Adolescent Health‹ (Loxley et al. 2004)

wicklung einer Alkoholabhängigkeit bspw. in einer relativ hohen Verträglichkeit der Substanz. Wenn Jugendliche trotz hoher Mengen nur geringe unangenehme Wirkungen verspüren, werden sie in Peergroup-Kontexten, in denen Trinkfestigkeit subjektiv insbesondere von Jungen mit einem höheren Status verbunden ist, dazu neigen, auch in Zukunft verstärkt Alkohol zu konsumieren (ausführlich bei Thomasius et al. 2017).

Eine genetische Grundlage ist auch für den frühen Einstieg in den Substanzkonsum, der als wesentlicher Risikofaktor für eine

Tab. 5.2: Schutzfaktoren des Kindes- und Jugendalters gegen Schädigungen durch Substanzkonsum

Schutzfaktor der frühen Kindheit (bis 4 Jahre)	Gemindertes Risiko
Ausgeglichenes Temperament	Substanzkonsum generell
Schutzfaktoren der Kindheit (5–11 Jahre)	**Gemindertes Risiko**
Soziale und emotionale Kompetenzen	Schädlicher Alkoholkonsum, jeglicher Konsum illegaler Substanzen
Scheues, vorsichtiges Temperament	Polyvalenter Substanzkonsum in der Frühadoleszenz, Konsum illegaler Substanzen im jungen Erwachsenenalter
Schutzfaktoren der Kindheit und Präadoleszenz (12–17 Jahre)	**Gemindertes Risiko**
Familiäre Bindung (*attachment*) im frühen Adoleszentenalter	Polyvalenter Substanzkonsum in der Frühadoleszenz
Wenige Konflikte mit den Eltern	Früher Alkoholkonsum, spätere Alkoholprobleme
Positive Eltern-Kind-Kommunikation	Schädlicher Substanzkonsum
Religiosität/Spiritualität in der Adoleszenz	Probleme mit Alkohol- und sonstigem Substanzkonsum

Anmerkung: Resultate eines Systematischen Reviews des australischen ›National Drug Research Centre and the Centre for Adolescent Health‹ (Loxley et al. 2004)

spätere substanzbezogene Störung gilt, belegt worden. In einer prospektiven Zwillings-Studie (Ystrom et al. 2014) in Norwegen, an der 1.136 (eineiige und zweieiige) Zwillingspaare teilnahmen, wurde untersucht, ob es einen ursächlichen Zusammenhang zwischen frühem Substanzkonsum und einer späteren substanzbezogenen Störung gibt, oder ob dieser Zusammenhang durch gemeinsame genetische und umweltbezogene Merkmale erklärt wird. Genetische Faktoren erklärten dabei mit 62 % den größten Anteil der Varianz für spätere substanzbezogene Störungen, wobei diese genetischen Faktoren teilweise auch den frühen Beginn in den Substanzkonsum vorhersagten. Umweltfaktoren spielten sowohl für den Einstieg in den Konsum als auch für die Störungsentwicklung ebenfalls eine große Rolle, allerdings unterschieden sie sich für die beiden Merkmale jeweils deutlich. Demnach lässt die Studie den Schluss zu, dass ein früher Beginn des Alkoholkonsums keinen direkten Risikofaktor für die Entwicklung einer substanzbezogenen Störung darstellt. Vielmehr wird sowohl der frühe Konsumbeginn als auch die substanzbezogene Störung durch gemeinsame und hauptsächlich erbliche Faktoren vorhergesagt. Diese Überlappung verdeutlicht letztlich, dass ein früher Einstieg in den Konsum ein starker (genetischer) Risikoindikator für eine spätere substanzbezogene Störung ist. Allerdings könnte der frühe Einstieg auch die Expression genetischer Faktoren für eine Störung beeinflussen, was in der vorliegenden Studie aber nicht betrachtet wurde.

Welche Gene letztlich die Anlage für Suchterkrankung ausmachen, ist heute noch weitgehend ungeklärt. Klar scheint nur, dass bei Suchtstörungen von multigenetischen Erbgängen ausgegangen werden muss. Studien zu »Kandidatengenen«, die mit dem Auftreten von Suchtstörungen assoziiert sind, zeigen, dass einzelne beteiligte Gene jeweils nur einen kleinen bis marginalen Teil des Risikos erklären.

Eine bislang allerdings erst in ihren Grundzügen verstandene biologische Erklärung für das ätiologische Verständnis suchtbezogener Gen-Umwelt-Interaktionen bietet die Epigenetik (für eine Einführung siehe Lehnert et al. 2018). Epigenetik bedeutet so viel wie »oberhalb der Genetik« mit dem Unterton »zusätzlich zum Genom« (Walter & Hümpel 2016, S. 16). Diese relativ neue Forschung beschreibt die Regulierung der Expression von Genen und Veränderungen des Erbguts auf mehreren Ebenen (durch DNA-Methylierung, Modifikation der Chromatinstruktur und Veränderungen der Transkriptionsfaktoren) und in Abhängigkeit von Erfahrungen und umweltbezogenen Einflüssen außerhalb der DNA-Sequenz. Bildlich gesprochen betrifft die Epigenetik also keine Veränderung an der »Hardware« (DNA), sondern der »Software« bzw. dem Ablesen der DNA (Frieling 2017). Solche Veränderungen können beispielsweise durch frühe traumatische Erfahrungen, Stress, aber auch den (elterlichen) Konsum psychotroper Substanzen wie etwa Kokain, Alkohol oder andere Substanzen verursacht sein und etwa durch Beeinflussung der DNA-Methylierung der Keimzellen zu einer erhöhten erblichen Veranlagung für Suchterkrankungen führen.

Epigenetische Prozesse modulieren demnach die »Zugänglichkeit« (»Silencing«) bis hin zur kompletten Unzugänglichkeit (»Abschalten«) spezifischer Gene, die die neuronale Entwicklung (und Entwicklungspsychopathologie) steuern. Diese Prozesse sind zwar reversibel, sie sind jedoch häufig lang andauernd und können sogar über Generationen weitergegeben werden. Studien im Zusammenhang mit den neurobiologischen Korrelaten von Craving lassen den Schluss zu, dass beispielsweise die dopaminergen neuronalen Netzwerke einer epigenetischen Regulierung unterliegen. In der Forschung wird derzeit untersucht, wie die epigenetischen Modifikationen in bestimmten Hirnarealen wieder entfernt werden können. Außerdem wird versucht, das ätiologische Wissen über epigenetische Prozesse auch für die Prävention und Behandlung von Suchtstörungen und anderen psychischen Erkrankungen zu nutzen. Dabei könnten beispielsweise spezifische Biomarker entwickelt werden, um eine individualisierte Diagnostik und Behandlung von Suchtkrankungen möglich zu machen (Frieling 2017).

5.1.2 Neurobehaviorale Merkmale

Robuste Forschung zeigt, dass neurobehavioral vermittelte personale Merkmale wie Impulsivität sowie die Fähigkeit zur (Selbst-)Regulation von Stress und belohnungsassoziierten Reizen eine zentrale Rolle für die Entwicklung und Aufrechterhaltung von Suchtstörungen, aber auch für die Ansprechbarkeit durch Interventionen spielen. Aus einer neuronalen Entwicklungsperspektive mag das zunächst überraschen, da sich trotz der im Vergleich zur Kindheit kontinuierlichen ontogenetischen Ausreifung sozialer, kognitiver und emotionaler Systeme in der Adoleszenz das Risikoverhalten in dieser Lebensphase dramatisch häuft. Aus einer neurobehavioralen Störungsperspektive wird dieses Phänomen (und im weiteren Verlauf auch die Entwicklung von Suchtstörungen) als Folge eines Ungleichgewichts in der Regulation von (impliziten) emotionalen (»bottom-up«) Prozessen bzw. einer mangelnden Fähigkeit zur Selbstregulation (»top-down«) gesehen, die in der Adoleszenz typisch ist (z. B. Davidson et al. 2015). Selbstregulation ist dabei ein »Regenschirmkonstrukt« (Moffitt et al. 2011, S. 2693) in den Verhaltenswissenschaften und bezeichnet je nach Betrachtungsebene die Ausprägung exekutiver Kontroll- und Planungsprozesse, die Fähigkeit zum Aufschub kurzfristiger Belohnung zugunsten langfristiger Ziele, effektives Frustrations- und Stressmanagement und Problemlösekompetenz oder schlicht Willensstärke (Murray & Rosenbalm 2017).

Grundsätzlich kann impulsives, unterreguliertes Verhalten im Jugendalter bereits mit einem verstärkten Drogenkonsum in Zusammenhang stehen und demnach Folge des Konsums und nicht dessen Ursache sein, beispielsweise weil dieser die serotonerge Neurotransmission so beeinflusst, dass sie zur verstärken Impulsivität beiträgt (vgl. Heinz et al. 2011). Allerdings geht es hier um die ätiologische Bedeutung zeitlich vorgelagerter Temperaments- und Verhaltensprobleme als »Vorläufersyndrome«, die wir bereits angesprochen haben (▶ Kap. 4). Einerseits gehen große Teile der Forschung auf neuropsychologische Messungen mit verhaltensökonomischen Tests im Labor zurück (z. B. Delay Discounting, vgl. MacKilop et al. 2011), bei denen Impulsivität dadurch definiert wird, dass eine kurzfristige gegenüber einer längerfristig günstigeren Belohnung bevorzugt wird. Andererseits konnte anhand von Längsschnittstudien gezeigt werden, dass lebensgeschichtlich frühe Temperaments- bzw. impulsbezogene Persönlichkeitsmerkmale, wenn sie ein (prä-)klinisch relevantes Maß haben, große ökologische Validität haben. Den prädiktiven Zusammenhang zwischen Defiziten in der Selbstregulation in der Kindheit (3 bis 11 Jahre) und einer Substanzabhängigkeit (nach

DSM-IV) als Erwachsene konnten beispielsweise Moffit und Caspi (2011) anhand längsschnittlicher Daten der *Dunedin Multidisciplinary Health and Development Study* zeigen. Dass die erhöhte emotionale, kognitive und physiologische Reagibilität für belohnende Verhaltensweisen sich auch anhand bestimmter Persönlichkeitsmerkmale manifestiert und insbesondere für den frühen Einstieg in den Substanzkonsum eine Rolle spielt, zeigten Nees und Kollegen (2011). Sie fanden heraus, das belohnungsassoziierte, impulsive Persönlichkeitsmerkmale (Extraversion, Impulsivität, Novelty Seeking, Sensation Seeking) den Einstieg in den frühen Alkoholkonsum im Vergleich zu anderen Faktoren am stärksten vorhersagten. Auf einer neurobiologischen Ebene sind für das Belohnungssystem insbesondere die Basalganglien relevant. Die wesentlichen Strukturen in diesem neuronalen Netzwerk sind der Anteriore Cinguläre Cortex, das Ventrale Pallidum, das Ventrale Striatum, der Orbitofrontale Cortex und die dopaminergen Neuronen im Mittelhirn. An der Regulierung des Belohnungssystems sind zudem die Amygdala, der Thalamus, der Orbitale Präfrontale Cortex und der Hippocampus beteiligt (Haber & Knutson 2010).

Diese neuronalen bzw. neurokognitiven Reaktivitätsprozesse auf suchtbezogene Auslöse- bzw. Hinweisreize sind auch für die Frage der Aufrechterhaltung (selbst bei abstinenzmotivierten Patienten) substanzübergreifend relevant. Die aktuelle Literatur (für einen Überblick siehe Stacy & Wiers 2010; Wiers et al. 2013) lässt sich wie folgt zusammenfassen: 1. Substanzabhängige nehmen substanzbezogene Hinweisreize (Cues) selektiv und mit erhöhter psychophysiologischer Aktivierung (arousal) wahr; wodurch 2. eine unbewusste, motivationale Annäherungs-Reaktion eingeleitet wird (Cue-reactivity); 3. saliente substanzbezogene Hinweisreize lösen ein starkes Konsumverlagen aus (Cue-elicited craving); 4. in dessen weiterer Verlauf sich ein Ungleichgewicht zwischen Motivationssystem (»substanzannähernd«) und regulatorischen Funktionen (bspw. Stimulus-Kontrolle und Belohnungsaufschub); und 5. ein konditioniertes, suchtaufrechterhaltendes und rückfallbegünstigendes Verhalten etabliert.

5.1.3 Familiäre Einflüsse

Zum einen ist die Entwicklung des Gehirns pränatal sehr sensitiv für umweltbezogene Belastungen (insbesondere Stress und Substanzkonsum der Mutter) und für bleibende Veränderungen empfänglich. Damit wird die Ätiologie psychischer Störungen bereits mit Beginn der Schwangerschaft geprägt. Beispielsweise beeinträchtigt hoher pränataler Stress (z. B. durch mütterliche Angst) das Risiko einer Frühgeburt, das Geburtsgewicht, aber auch langfristig die kindliche Fähigkeit für Selbstregulation, was mit einer Reihe von suchtrelevanten Vorsymptomen und Problemverhalten assoziiert ist (Charil et al. 2010). Eine pränatale Exposition mit Alkohol, Tabak und Cannabis ist ebenfalls ein Risikofaktor für spätere Suchterkrankungen, der sich über Veränderungen im Temperament und eingeschränkte selbstregulatorische Fertigkeiten vermittelt (Jansson et al. 2018; Wiebe et al. 2014).

Zum anderen hat die Herkunftsfamilie als früher Sozialisationskontext in der Entwicklung eine große Bedeutung. Und zwar (auch wenn hier die Risikofaktoren im Vordergrund stehen) ebenso im Sinne eines Schutzfaktors, da wesentliche Voraussetzungen für die spätere Beziehungs- und Bindungsfähigkeit, die Bewältigung von Belastungen und den Aufbau von sozioemotionalen Entwicklungskompetenzen in frühen Entwicklungszeitfenstern liegen (Morris et 2007). Eltern, die selbst über gute sozioemotionale Kompetenzen verfügen, können sogar eine genetische Vulnerabilität beispielsweise ihrer Adoptivkinder günstig entgegenwirken (Leve et al. 2009, 2010) und damit zur kindlichen *Resilienz* (▶ Kasten: Definition) beitragen. Die Fähigkeit zur Selbstregulation, Stressverarbeitung in Krisensituationen und Ausmaß und Art der Emotionsregulation (Belohnungsaufschub und Frustration, siehe neurobehaviorale Merkmale ▶ Kap. 5.1.2) werden entscheidend über Familienkonstellationen vermittelt (Bridget et al. 2015).

Als wichtiger familiärer Risikofaktor gilt hingegen Substanzmissbrauch in der Familie. Eine Suchtbelastung in der Herkunftsfamilie ist als einer der wichtigsten Faktoren für die Entwicklung von Alkohol- und anderen Substanzproblemen und weiteren externalisierenden und internalisierenden Problemverhaltensweisen gut erforscht (vgl. Lieb 2005; Zobel 2006). Alkohol- und drogenbelastete Familien weisen zahlreiche Besonderheiten auf, die für eine substanzbezogene Störungsgenese bedeutsam sind (vgl. Zobel 2006). Das Familiensystem ist häufig desorganisiert und konfliktgeladen. Im Familienalltag treten partnerschaftliche Konflikte gehäuft auf und die Beziehung zu den Kindern ist unberechenbar, emotional distanziert, willkürlich sowie von mangelndem Interesse am Kind und dessen Förderung geprägt. Hinzu kommen häufiger als in normativen Familien Vernachlässigung, Gewalt und Missbrauch (McCrory & Mayes 2015). Substanzkonsum kann als Reaktion auf die ungünstigen Familienverhältnisse im Sinne einer dysfunktionalen Verarbeitung negativer Gefühle bedeutsam sein. Aus lernpsychologischer Sicht spielt vor allem das Prinzip der Nachahmung bzw. des Modell-Lernens (Bandura 1986) eine wichtige Rolle. Hierunter ist zu verstehen, dass das elterliche Verhalten unter Umständen übernommen wird oder aber als Abschreckung dient. Die Wirkung des elterlichen Modells ist jedoch wiederum von anderen Faktoren abhängig, insbesondere der Qualität der Eltern-Kind-Beziehung. So findet Nachahmung des elterlichen Verhaltens in geringerem Ausmaß statt, wenn die Beziehung schlecht ist.

Auch im Allgemeinen sind ungünstige Familieninteraktionsstile (Erziehungsstil, Bindung, Kommunikation) sowie fehlende Rollenmodelle zur konstruktiven Lösung von Familienkonflikten für die Entwicklung von Suchtstörungen relevant (Hawkins et al. 1992). Studien zeigen, dass ein Mangel an erlebter Unterstützung, Wärme und Zuwendung, klaren Verhaltenserwartungen und Förderung der Autonomie den Aufbau wichtiger sozialer und kognitiver Kompetenzen und größere Offenheit der Kinder gegenüber den Eltern verhindert, was das Risiko für jugendlichen Alkoholmissbrauch erhöht (vgl. Silbereisen & Weichold 2007). Der Einfluss elterlicher alkoholbezogener Permissivität (z. B. das Erlauben von Alkoholkonsum bei gemeinsamen Mahlzeiten etc.)

wurde als Risikofaktor für späteres übermäßiges Trinken identifiziert (Fairlie et al. 2012), tritt aber in seiner Bedeutung hinter den Einfluss elterlichen Alkoholkonsums und elterlicher Einschätzungen über angemessenen Konsum ihrer Kinder zurück. Gleichzeitig gibt es aber auch keine Hinweise für die populäre Meinung, dass der liberale elterliche Umgang mit Alkoholkonsum für Kinder im Sinne des kontrollierten Einübens für einen verantwortungsvollen Umgang mit Alkohol ein protektiver Faktor gegen späteren Alkoholmissbrauch ist (Varvil-Weld et al. 2014). Insgesamt einschränkend für den Einfluss familiärer Sozialisationsfaktoren muss gesagt werden, dass die wenigsten Studien in diesem Bereich alternative Erklärungen (z. B. genetische Veranlagung) geschweige denn das wechselseitige Zusammenspiel biologischer und sozialer Risikofaktoren in den Analysen berücksichtigen (Silbereisen & Weichold 2007).

Strukturelle Familienmerkmale, die im Sinne von Risikofaktoren auf die Entwicklung substanzbezogener Störungen einwirken, sind der frühe Verlust eines Elternteils, eine sehr hohe Anzahl von Familienmitgliedern, niedriger Sozialstatus und ein relativ junges Lebensalter der Eltern bei der Geburt des Kindes (Heron et al. 2013).

5.1.4 Peers

Neben den evidenten Einflüssen aus der Familie spielt der Kontakt zu substanzkonsumierenden Gleichaltrigen unter Umständen eine bedeutende Rolle für den Alkoholkonsum Jugendlicher, da mit steigendem Alter die relative Bedeutsamkeit der Gleichaltrigengruppe (Peers) z. B. als Rollenmodelle für den Alkoholkonsum gegenüber den Eltern steigt (Grob & Jaschinsky 2003). Insgesamt verhalten sich die Einflüsse der Peers auf das Trinkverhalten ähnlich den oben beschriebenen familiären Sozialisationseinflüssen. Hinzu kommen aber verstärkende Selektionseffekte, da Jugendliche sich ihre gleichaltrige Bezugsgruppe im Gegensatz zur Familie aussuchen können und sich häufig mit den Jugendlichen zusammentun, die über ähnliche Persönlichkeiten sowie Konsumeinstellungen und -erfahrungen verfügen. In einer australischen prospektiven Längsschnittstudie war die 30-Tage-Prävalenz für das Tabakrauchen um das Sechsfache erhöht, wenn die eigenen Freunde Substanzen konsumierten (Loxley et al. 2004. Dass in Gleichaltrigengruppen sowohl Selektions- als auch Sozialisiationseffekte relevant sind, konnte in einer komplexen sozialen Netzwerksanalyse zum Rauchverhalten gezeigt werden, in der beide Geschlechter mehr rauchende Freunde nannten, wenn sie selber rauchten, und neue Freundschaften aufgrund der Ähnlichkeit im Rauchverhalten aufgebaut wurden (Mercken et al. 2010). Damit liefert die Studie empirische Belege für die Annahme, dass der Kontakt zu substanzkonsumierenden Jugendlichen ein Risikofaktor ist. Schließen sich Jugendliche mit einer ähnlichen Persönlichkeit oder ähnlicher Konsumerfahrung zusammen, führt dies zu einer wechselseitigen Verstärkung der Meinungen und Einstellungen, der Konsummuster und anderer problematischer Verhaltensweisen, wenn Familie und andere soziale Institutionen nicht alternative positive Interaktionen ermöglichen oder die Jugendlichen dort Desinteresse, Ablehnung bzw. starken »Stress« erleben (Weichold et al. 2008).

> **Definition: Resilienz**
> Als Resilienz bezeichnet man die aus der Entwicklungspsychologie abgeleitete Fähigkeit zur erfolgreichen Bewältigung und Anpassung an Belastungen, Herausforderungen, Stress und Trauma. Resilienz ist nicht gleichbedeutend mit der Anwesenheit eines Schutzfaktors (obwohl sich die Faktoren häufig ähneln), sondern geht als gesundheitlicher und psychosozialer Schutzmechanismus darüber hinaus: Eine Person kann nur dann als »resilient« in Bezug auf psychische Belastungen angesehen werden, wenn sie in ihrer Entwicklung individuellen (Vulnerabilität) oder umgebungsbezogenen Risikobedingungen ausgesetzt war, die ohne ungünstige Folgen bewältigt wurden

(Luthar & Eisenberg 2017). Resilienz schützt damit nicht nur vor Erkrankungen, sondern erhält und fördert Gesundheit. Resilienz fördernde Bedingungen sind an spezifische individuelle Eigenschaften und soziale Milieubedingungen geknüpft, z. B. gut entwickelte Intelligenz, Selbst- und Stressregulation, Optimismus, positives Selbstwertgefühl, selbstzentrierte Kontrollüberzeugung sowie Unterstützung und positive Beziehungsmuster im unmittelbaren sozialen Umfeld, positive, liebende und unterstützende Beziehungen zu Eltern und Erwachsenen, prosoziale Beziehungen zu Gleichaltrigen, Vermeidung von Überforderungen (Wu et al. 2013; Moffitt et al. 2011; Masten et al. 2001).

6

Diagnostik und Differenzialdiagnose

Ebenso wie für Erwachsene ist auch bei Kindern und Jugendlichen eine formale klinische Diagnose die Voraussetzung für eine störungsspezifische Behandlung im Gesundheitssystem. Die Diagnosekriterien sind in den beiden Klassifikationssystemen, dem Diagnostischen und statistischen Manual psychischer Störungen (DSM-5) der American Psychiatric Association (APA) und der Internationalen statistischen Klassifikation der Krankheiten und verwandter Gesundheitsprobleme (ICD-10) der Weltgesundheitsorganisation (WHO), formuliert. In den meisten europäischen Ländern einschließlich Deutschland gelten aktuell die Standards der ICD-10 (zur Neuauflage ICD-11 siehe unten ▶ Kap. 6.1).

6 Diagnostik und Differenzialdiagnose

6.1 Substanzbezogene Störungen

Beide Klassifikationsschemata stammen aus der Erwachsenenpsychiatrie und gelten als allgemeiner Standard der Diagnostik substanzbezogener Störungen, setzen bei den Suchtstörungen jedoch unterschiedliche Akzente (für eine synoptische Gegenüberstellung von ICD-10 und DSM-5 siehe Remschmidt et al. 2017). Im DSM-5 wird die Diagnose »Substanzgebrauchsstörung« (Substance Use Disorder, SUD) erstmals als Schweregraddiagnose entlang einer Dimension »leicht« bis »schwer« (mild – severe) gestellt. Das Prinzip einer kategorialen Diagnostik (Missbrauch vs. Abhängigkeit) wurde somit zugunsten einer eindimensionalen Störung im DSM-5 aufgegeben (Hasin et al. 2013). Der Begriff »Dependence« (Abhängigkeit) wurde durch den Begriff »Addiction« (Sucht) ersetzt. Für eine leichte Substanzgebrauchsstörung (»mild SUD«) müssen mindestens 2 (bis 3) von insgesamt 11 diagnostischen Kriterien erfüllt sein, für eine moderate Substanzgebrauchsstörung (»moderate SUD«) 4 bis 5 Kriterien und ab 6 von 11 erfüllten Kriterien beginnt eine schwere Substanzgebrauchsstörung (»severe SUD«). Durch das Absenken der diagnostischen Schwelle im DSM-5 (für eine milde Störung) könnten mehr Patienten einen Behandlungsanspruch erhalten (10–30 % der wegen Suchtstörungen in Behandlung befindlichen Kinder und Jugendlichen in den USA müssten bei Anwendung der DSM-IV als unbelastet gelten; Winters & Fahnhorst 2005).

Damit könnte eine Stärkung der Frühintervention insbesondere bei Kindern und Jugendlichen erreicht werden (Thomasius et al. 2014), da diese oft trotz ernsthafter sozialer und körperlicher Folgen des Substanzmissbrauchs keine formale Diagnose erhalten, etwa weil eine Toleranzentwicklung oder Entzugssymptome selten auftreten. Allerdings ist dies auch kritisiert worden, da aufgrund des neuen Diagnosealgorithmus Jugendliche mit temporärem Missbrauch, aber ohne dauerhafte Beeinträchtigung oder das charakteristisch zwanghafte Konsumverhalten unnötig eine womöglich stigmatisierende Diagnose erhalten (Winters et al. 2011). Die Aufhebung der Unterscheidung zwischen Missbrauch und Abhängigkeit ist darüber hinaus auch kritisiert worden, weil eine Aufweichung bisher gut abgrenzbarer Krankheitsbilder vollzogen wird (Heinz & Friedel 2014). Zudem wurde im DSM-5 mit der »Glücksspielstörung« (*Gambling Disorder*) erstmals eine Verhaltenssucht in das Spektrum der Suchtstörungen aufgenommen. Für eine »Störung durch Spielen von Internetspielen« (*Internet Gaming Disorder*) hingegen wurden diagnostische Kriterien definiert (die denen den substanzbezogenen Suchterkrankungen wesentlich entsprechen) und in das Kapitel III (Störungsbilder, die weiterer Forschung bedürfen) aufgenommen.

In der aktuell gültigen ICD-10 findet eine kategoriale Klassifikation (Abhängigkeit und Schädlicher Gebrauch) Anwendung. Das Abhängigkeitssyndrom wird dort als eine Gruppe körperlicher, Verhaltens- und kognitiver Phänomene definiert, bei denen der Konsum einer Substanz oder einer Substanzklasse für die betroffene Person Vorrang hat gegenüber anderen Verhaltensweisen, die von ihr früher höher bewertet wurden. Entscheidende Merkmale der Abhängigkeit sind Toleranzentwicklung und Entzugssymptomatik sowie der starke, gelegentlich übermächtige Wunsch, Substanzen zu konsumieren. Die Diagnose eines *Abhängigkeitssyndroms* wird gestellt, wenn mindestens drei von insgesamt sechs der diagnostischen Kriterien erfüllt werden. Vom Abhängigkeitssyndrom wird im ICD-10 der *schädliche Gebrauch* abgegrenzt. Dieser wird diagnostiziert, wenn der Substanzkonsum zu nachweisbaren körperlichen oder psychischen Schädigungen geführt hat, jedoch kein Abhängigkeitssyndrom vorliegt (Dilling et al. 2014, ▶ Kasten: Diagnostische Kriterien nach ICD-10).

Die Weltgesundheitsorganisation (WHO 2018) hat ihren Entwurf für die ICD-11 vorgestellt. Sie soll im Jahr 2019 auf der Weltgesundheitsversammlung verabschiedet werden und offiziell ab Januar 2022 gelten. Erstmals, und als zweite Verhaltenssucht neben der Glücksspielsucht, wird die Spielstörung (»gaming disorder«) aufgenommen. Dabei handelt es sich unabhängig davon, ob sich dies auf Online- oder Offline-Spiele bezieht, um ein »Muster anhaltenden oder wiederkehrenden Spielverhaltens«, eine »beeinträchtigte Kontrolle über Beginn, Häufigkeit, Intensität, Dauer, Beendigung und Kontext des Spielens«, bei dem das Spielen »Vorrang vor anderen Lebensinteressen und täglichen Aktivitäten« gewinnt sowie die Fortsetzung oder Eskalation des Spielens trotz des Auftretens von negativen Folgen.

Diagnostische Kriterien nach ICD-10 (nach Dilling et al. 2014)
Abhängigkeitssyndrom (F1x.2)

- Ein starker Wunsch oder eine Art Zwang, psychotrope Substanzen oder Alkohol zu konsumieren (Craving).
- Verminderte Kontrollfähigkeit bezüglich des Beginns, der Beendigung und der Menge des Konsums.
- Nachweis einer Toleranz.
- Ein körperliches Entzugssyndrom bei Beendigung oder Reduktion des Konsums.
- Fortschreitende Vernachlässigung anderer Interessen zugunsten des Substanzkonsums.
- Anhaltender Substanzkonsum trotz Nachweises eindeutiger schädlicher Folgen.

Zur Diagnosestellung müssen drei oder mehr Kriterien innerhalb des letzten Jahres gleichzeitig vorhanden gewesen sein.

Schädlicher Gebrauch (F1x.1)

- Deutlicher Nachweis, dass der Substanzgebrauch verantwortlich ist (oder wesentlich dazu beigetragen hat) für die körperlichen oder psychischen Schäden, einschließlich der eingeschränkten Urteilsfähigkeit oder des gestörten Verhal-

> tens, das zu Behinderung oder zu negativen Konsequenzen in den zwischenmenschlichen Beziehungen führen kann.
> - Die Art der Schädigung sollte klar festgestellt und bezeichnet werden können.
> - Das Gebrauchsmuster besteht seit mindestens einem Monat oder trat wiederholt in den letzten zwölf Monaten auf.
> - Auf die Störung treffen die Kriterien einer anderen psychischen oder Verhaltensstörung bedingt durch dieselbe Substanz zum gleichen Zeitpunkt nicht zu (außer akute Intoxikation F1x.0).

6.2 Substanzinduzierte Störungen

Zu den häufigsten substanzinduzierten Störungen gehören die akute *Substanzintoxikation* (F1x.0), das Entzugssyndrom (F1x.30) mit und ohne Delir (bei Kindern und Jugendlichen eher selten) und die substanzinduzierten psychotischen Störungen (F1x.5, *drogeninduzierte Psychosen*).

Die akute Substanzintoxikation ist durch eine Überdosierung oder eine individuell erhöhte Substanzempfindlichkeit bedingt und stellt ein vorübergehendes Syndrom überwiegend negativ erlebter substanzspezifischer Rauschwirkungen dar, durch die Bewusstsein, Wahrnehmung, Affekt, Verhalten, und psychophysische Funktionen beeinträchtigt werden. Die Symptomatik kann bei unterschiedlichen Substanzen gleich sein, sie kann im klinischen Bild je nach Dosierung bei der gleichen Substanz verschieden bis gegensätzlich sein (Geselligkeit oder sozialer Rückzug; für eine genauere Darstellung vgl. Blanz et al. 2006). Allgemeine Kriterien nach ICD-10 sind: Nachweis einer kürzlich aufgenommenen, ausreichenden Dosis der Substanz; die Vereinbarkeit der

6 Diagnostik und Differenzialdiagnose

Symptome mit dem Konsum der jeweiligen Substanz nach derzeitigem Kenntnisstand; die Symptome verursachen klinisch relevante Störungen von Bewusstsein, Kognition, Wahrnehmung, Affekt und Verhalten; sie sind nicht durch eine (vom Substanzkonsum unabhängige) körperliche Erkrankung erklärbar; sie sind nicht besser erklärbar durch eine anderweitige psychische oder Verhaltensstörung.

Im Kindes- und Jugendalter sind vor allem Alkoholintoxikationen (F10.0) verbreitet, die notfallmedizinisch versorgt werden müssen, da es zu teilweise lebensbedrohlichen Komplikationen kommen kann. Haberl und Schneider (2002) geben Empfehlungen zur weiteren Diagnostik für Kinder und Jugendliche bei entsprechendem Verdacht aufgrund von Beeinträchtigungen von Wahrnehmung, Urteilsvermögen, Stimmung, Kognition, Sprache und Motorik oder gar Bewusstlosigkeit (▶ Kasten: Diagnostik).

Diagnostik bei akuter Alkoholintoxikation (nach Habel & Schneider 2002)

- Überprüfung der Vitalfunktionen
- Intoxikationsumstände
- Überprüfung der Bewusstseinslage und der Schmerzreize bei ausbleibender oder geringer Reaktion auf Ansprache
- Laboruntersuchungen (Blutgasanalyse, Blutbild, Blutzucker, Blut-Alkoholspiegel, Elektrolyte, Kreatinin
- Engmaschige Überwachung von Blutdruck, Puls, Atemfrequenz, Pupillenreaktion, Blutzucker, Körpertemperatur, Pulsoxymetrie und des neurologischen Status bis zur Ernüchterung
- Gründliche körperliche Untersuchung mit besonderem Augenmerk auf Schädelverletzungen

---

Bei abhängigen Patienten kann in der Abstinenz ein zeitlich begrenztes *Entzugssyndrom* (F1x.3) auftreten, das abhängig von der konsumierten Substanz durch Unruhe, Schlafstörungen, depressive Verstimmungen, Schreckhaftigkeit, gesteigerte Suggestibilität, Angst, Schwitzen, Erbrechen und Durchfall sowie Blutdruckerhöhung, Pulsbeschleunigung und einem Tremor der Hände und Zunge gekennzeichnet sein kann. Das Entzugssyndrom kann als eigene Diagnose vergeben werden. Falls zusätzlich zwei weitere Kriterien des Abhängigkeitssyndroms vorliegen, ist nach ICD-10 die Diagnose ›Abhängigkeit‹ zu stellen. Da ein Entzugssyndrom zumeist einen Konsum über einen längeren Zeitraum oder in hoher Dosierung voraussetzt, ist das Phänomen im Kindes- und Jugendalter eher selten.

Unter den substanzinduzierten Störungen sind die *substanzinduzierten psychotischen Störungen* (F1x.5, *drogeninduzierte Psychosen*) relevant (▶ Kap. 4). Die Symptome überdauern die Substanzwirkung (länger als 48 Stunden, aber nicht länger als 6 Monate) und beginnen während des Substanzkonsums oder innerhalb von 2 Wochen danach. Substanzinduzierte psychotische Störungen treten am häufigsten nach dem Konsum halluzinogener Substanzen auf und sind zu Beginn von einer Schizophrenie oder Wahnerkrankung klinisch schwer zu unterscheiden. Sie treten häufig bei Jugendlichen mit einer Vulnerabilität für solche Störungen auf und können sich im Unterschied zu den Intoxikationspsychosen auch chronifizieren.

6.3 Diagnostisches Vorgehen im Kindes- und Jugendalter

Die Erhebung der Kriterien (und dann das Addieren der erfüllten Kriterien als Maß des Schweregrades der Störung) kann durch halb- oder vollstrukturierte Interviews erfolgen. Je nach klinischer Erfahrung ist für Erwachsene das *Strukturierte Klinische Interview für DSM-IV* (SKID) (Wittchen et al. 1997) zu nennen (derzeit noch nicht für DSM-5 verfügbar) oder die deutsche Version des

Composite International Diagnostic Interview Substance Abuse Modul (CIDI-SAM, Lachner & Wittchen 1996; DSM-IV bzw. ICD-10), das aber sprachlich und aufgrund des Umfangs für die Kinder- und Jugendpsychiatrie eher begrenzt einsetzbar scheint. Speziell für das Kindes- und Jugendalter liegt als standardisiertes Verfahren das Kinder-DIPS (*Diagnostisches Interview bei Psychischen Störungen im Kindes- und Jugendalter*; Unnewehr et al. 2013) sowie das MINI *Internationales Neuropsychiatrisches Interview* (MINI-KID) in deutscher Version vor (Sheehan et al. 2010; ebenfalls nur nach DSM-IV). Eine Übersicht geeigneter diagnostischer Verfahren findet sich bei Sack und Kröger (2009).

Zudem ist es sinnvoll, im Rahmen einer ausführlichen Exploration möglichst weitere anamnestische Auskünfte über den Substanzkonsum und die Lebenssituation des Jugendlichen einzubeziehen (im Sinne eines multimethodalen Ansatzes). Dazu zählen Selbstauskünfte zum Konsum (zum Beispiel anhand von RAFFT, ▶ Kap. 4) sowie ein Drogenscreening im Urin (allerdings kann dadurch nicht geklärt werden, wie stark eine substanzbezogene Störung ausgeprägt ist), fremdanamnestische Auskünfte über die Familie und die Schule, die Verlaufsbeobachtung des psychopathologischen Befundes, mit besonderem Augenmerk auf polyvalenten Drogenkonsum, mögliche komorbide psychische Störungen und Suizidalität sowie weitere medizinisch-körperliche Untersuchungen, neuropsychologische Testungen und Laboranalysen (vgl. Sack & Kröger 2009). Hinweise zur Exploration und zu berücksichtigende Indikatoren für eine potenzielle substanzbezogene Störung im Kindes- und Jugendalter finden sich im nachfolgenden Kasten.

Diagnostisch zu berücksichtigende Indikatoren für eine potenzielle substanzbezogene Störung im Kindes- und Jugendalter (nach Sack & Krüger 2009)
- Familienanamnese: Substanzkonsum vor allem bei Eltern und Geschwistern, Dissozialität in der Familie, gestörte Eltern-Kind-Bindung, psychische Erkrankungen in der Familie

- Komorbide Störungen: Störung des Sozialverhaltens, anhaltende affektive Störung, Angststörung, Suizidalität
- Erlebte negative Folgen des Substanzkonsums (Entzug, »Craving«) und erhoffte positive Folgen des Substanzkonsums (Status, Problemreduzierung), früher Tabakkonsum
- Psychische Traumatisierung, Missbrauchserfahrung (auch in Zeugenschaft), frühe Sexualkontakte, frühe Schwangerschaft
- Nachlassende Schulleistung, sozialer Rückzug, Schulabbruch
- Dissoziales Verhalten (Erwachsene belügen, Eltern bestehlen), Delinquenz
- Substanzkonsum und Delinquenz bei Peers
- Ökonomisch-soziale Benachteiligung, Zugehörigkeit zu Randgruppen, depriviertes Wohnumfeld mit hoher Kriminalitätsrate

Indikatoren für die Erhebung einer ausführlichen Suchtanamnese bei Jugendlichen (nach Sack & Krüger 2009)
Generelle Angaben:

- Welche Substanzen wurden/werden konsumiert?
- Wie viel konsumiert?
- Wie konsumiert? (rauchen, oral, nasal, intravenös/i. v.)
- Seit wann besteht das momentane Konsummuster?
- Welches Alter bei Erstkonsum?
- Sind die Kriterien für Missbrauch oder Abhängigkeit erfüllt?

Soziale Bedingungen:

- Mit wem wird konsumiert?
- Wie viele Menschen der unmittelbaren Umgebung konsumieren?
- Wie ist die Einstellung nahestehender Menschen zum Konsum?
- Wie häufig wird allein konsumiert?

Trigger:

- Was sind Auslöser für den Konsum (Stimmungen, Symptome, Umgebung)?
- Was sind moderierende Faktoren (was begünstigt, was verhindert den Konsum)?

Abstinenzphasen:

- Gab es in letzter Zeit Veränderungen im Konsummuster?
- Wann war und wie lange dauerte die letzte Abstinenzphase?
- Was half, in dieser Abstinenzphase aufzuhören?
- Was half, nicht wieder anzufangen bzw. zu verzögern?
- Was führte zu neuerlichem Konsum?
- Welche Vorbehandlungen waren hilfreich?

Beziehung zwischen Substanzkonsum und komorbiden psychischen Störungen:

- Stehen aktuelle psychische Symptome im Zusammenhang mit dem Substanzkonsum (Intoxikation, substanzinduzierte Psychose, Entzugssymptome etc.)?
- Wann traten psychische Symptome erstmals auf? Wurden in dieser Zeit Substanzen konsumiert?
- Wie stehen die psychischen Symptome im Zusammenhang mit dem Substanzkonsum (verschlechternd, verbessernd, gleichbleibend)?
- Wie wirkt sich Abstinenz auf die Symptome aus bzw. hatte sich ausgewirkt?
- Gibt es einen subjektiven Zusammenhang zwischen den Symptomen und dem Konsum?

Folgende Aspekte erleichtern eine effektive Exploration (nach Sack & Kröger 2009)
- Der Patient hat Vertrauen zum Therapeuten.
- Der Patient ist frei von kognitiven Beeinträchtigungen (neuropsychologisch, neurologisch, psychiatrisch).
- Der Patient weiß, dass auch von anderer Seite Auskünfte über seinen Substanzkonsum (und sein damit verbundenes Verhalten) eingeholt werden (andere Personen, Urinkontrollen u. a.).
- Der Patient befürchtet keine negativen Konsequenzen für Schule, Ausbildung, Beruf und/oder Strafverfolgung durch seine Äußerungen.
- Der Patient ist nicht akut intoxikiert und befürchtet keine Entzugserscheinungen.

Für eine differenzierte Diagnostik im Kontext von Suchtstörungen im Kindes- und Jugendalter ist neben der geeigneten Auswahl an Untersuchungsmethoden und -instrumenten auch auf eine besondere Sensibilität für altersspezifische Besonderheiten zu achten. Dazu gehören beispielsweise eine gerade bei Kindern relativ geringe Verbalisierungsfähigkeit ihrer Symptombelastung oder die häufige Situation, dass junge Patienten gegen ihren Willen zur Vorstellung kommen. In einer vertrauensvollen und störungs- und ablenkungsfreien Atmosphäre bietet die Exploration Gelegenheit zu einem motivierenden Beziehungsaufbau. Detaillierte Hinweise zur Exploration des Patienten finden sich in den – nunmehr allerdings bereits seit 10 Jahren nicht mehr aktualisierten – Leitlinien zur Diagnostik und Therapie psychischer Störungen im Kindes- und Jugendalter der Deutschen Gesellschaft für Kinder- und Jugendpsychiatrie und Psychotherapie (DGKJP), der Bundesarbeitsgemeinschaft Leitender Klinikärzte und des Berufsverbandes der Ärzte für Kinder und Jugendpsychiatrie und Psychotherapie (Baving et al. 2007).

6.4 Differenzialdiagnostik: Komorbide substanzbezogene und andere psychische Störungen

Durch die besondere Häufung substanzbezogener Störungen im Jugendalter mit weiteren komorbiden psychischen Erkrankungen (▶ Kap. 4.4) ist für die weitere Behandlungsplanung eine Differenzialdiagnostik geboten. Hier kann näher betrachtet werden, ob es sich bei der festgestellten psychischen Störung um eine substanzinduzierte Störung (▶ Kap. 6.2) oder um eine komorbide Störung handelt. Hinweise auf das Vorliegen einer komorbiden psychischen Störung sind immer dann gegeben, wenn die psychische Störung dem schädlichen Substanzkonsum zeitlich voranging und auch nach mehrwöchiger Abstinenz nicht abklingt. Eine substanzinduzierte psychische Störung ist wahrscheinlich, wenn sich die psychische Störung dem Substanzgebrauch zeitlich nachgeordnet manifestiert hat und nach entsprechender Abstinenzphase nicht mehr beobachtbar ist (▶ Abb. 6.1). Im Laufe der Behandlung ist daher eine wiederholte Differenzialdiagnostik nötig, um eine robuste Beurteilung der begleitenden psychischen Störung zu gewährleisten. Eine Übersicht der psychischen Störungen (nach ICD-10), die differenzialdiagnostisch von den substanzbezogenen Störungen im Kindes-, Jugend- und dem jungen Erwachsenenalter vordringlich abzugrenzen sind, findet sich im nachfolgenden Kasten.

6.4 Differenzialdiagnostik

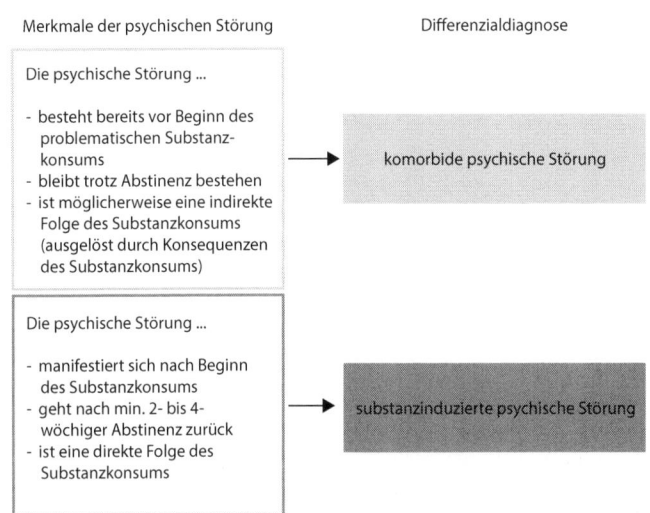

Abb. 6.1: Differenzialdiagnostik substanzinduzierter und komorbider psychischer Störungen

---

Differenzialdiagnostisch von substanzbezogenen Störungen im Kindes-, Jugend- und dem jungen Erwachsenenalter abzugrenzende psychischen Störungen (nach ICD-10)

- Organische psychische Störungen (F0)
- Endogene Psychosen (F20 bis F29)
- Affektstörungen, insbesondere depressive Störungen (F31 bis F33, F38)
- Angststörungen (F40 bis F41)
- Dissoziative Störungen (F44)
- Persönlichkeitsstörungen (F60), insbesondere Emotional instabile Persönlichkeitsstörung (F60.3)
- Intellektuelle Behinderung (F7)
- Entwicklungsstörungen (F80 bis F84)
- Hyperkinetische Störungen und Störungen des Sozialverhaltens (F90 bis F92)

6.5 Passen die diagnostischen Klassifikationssysteme für das Kindes- und Jugendalter?

Dass die allgemeinen und in den Klassifikationssystemen definierten diagnostischen Kriterien von Suchtstörungen auch im Kindes-, Jugend- und jungen Erwachsenenalter gelten, ist vor dem Hintergrund der Nichtbeachtung entwicklungspsychologischer (und -psychopathologischer) Bezüge in den klinischen Definitionen als unzureichend kritisiert worden. Beispielsweise argumentierten Weichold und Kollegen (2008), dass die Diagnosesysteme ein (zu) hohes Gewicht auf körperliche Abhängigkeitskriterien (Toleranz und Entzug) bei Substanzen mit sedierender Wirkung und hohem Abhängigkeitspotenzial (v. a. Alkohol) legen und weniger gut auf das im Jugendalter prävalente Cannabis und die zumindest in bestimmten Gruppen junger Leute prävalenten Stimulanzien (Speed, Ecstasy) passen. Tatsächlich treten formal diagnostisch relevante Kriterien wie Toleranzentwicklung und Entzugssymptomatik in ihrer Ausprägung im Jugendalter gegenüber anderen Problemen zurück, da sich die erforderlichen neurobiologischen bzw. pharmakologischen Anpassungsvorgänge meist erst durch einen anhaltenden Konsum einstellen.

Ein fehlender Bezug von Alter und Entwicklungsstatus in den klinischen Definitionen schlägt sich auch in anderen Bereichen nieder. Zum Beispiel können soziale oder legale Probleme und funktionelle Beeinträchtigungen (etwa Konflikte mit dem/der Partner/-in, drohender Verlust des Arbeitsplatzes) im Jugendalter nicht mit denen Erwachsener gleichgesetzt werden. Zudem können bei Erwachsenen als pathologisch anzusehende Erlebens- und Verhaltensweisen aufgrund anderer Entwicklungsvoraussetzungen (hierzu zählt z. B. ein schon aufgrund hirnphysiologisch unausgereifter exekutiver Funktionen beschränktes Urteilsvermögen im Kindes- und Jugendalter) nicht ohne weiteres auf Jugendliche

6.5 Klassifikationssysteme für das Kindes- und Jugendalter passend?

übertragen werden, was dazu führt, dass bei Kindern und Jugendlichen etwa eine manifeste Abhängigkeitsproblematik eher selten diagnostiziert werden kann (vgl. Stolle, Sack & Thomasius 2007).

Winters und Kollegen (2011) kritisieren an den Diagnosekriterien aus kinder- und jugendpsychiatrischer Sicht ebenfalls insbesondere die Kriterien Toleranz (vor allem im Zusammenhang mit Alkohol), da diese als (neuro-)entwicklungssensitives Phänomen nicht automatisch auf einen Krankheitswert schließen lässt, sowie Entzugssymptome, da sie selten oder erst nach langer Zeit auftreten und damit die prognostische Validität nur für einen kleinen Teil von Kindern und Jugendlichen erhöhen (ein Alkoholentzugssyndrom wiederum ist kein geeigneter Hinweis auf einen abhängigen Gebrauch und ist schwierig von den typischen Alkoholnachwirkungen (»Kater«) abzugrenzen).

Während die eingeschränkte Tauglichkeit diagnostischer (und auch therapeutischer) Prinzipien an sich für andere psychische Erkrankungen ebenfalls gilt (vgl. Resch & Parzer 2014), erscheint es gerade im Zusammenhang mit der Einnahme von Suchtmitteln schwierig, zwischen normalem, d. h. entwicklungsgemäßem Konsumverhalten in jungen Altersgruppen und einer krankheitswertigen Störung zu differenzieren (▶ Kap. 4).

Für die Frage nach dem »richtigen Maß« kommt erschwerend hinzu, dass insbesondere im Zusammenhang mit Alkohol – bei illegalen Substanzen wird oftmals bereits ein einmaliger Konsum als riskant oder problematisch betrachtet – in der Literatur eine ganze Reihe von Begriffen für verschiedene Konsumformen, die mitunter synonym verwendet werden und uneinheitlich definiert sind, kursieren. Neben Abhängigkeit und Missbrauch bzw. schädlichem Gebrauch als klinische Diagnosen sind im deutschsprachigen Raum etwa problematischer Konsum, riskanter oder risikoreicher Konsum (oder auch Risikokonsum), chronischer Konsum, exzessiver Konsum, situationsunangepasster Konsum gebräuchliche und mitunter synonym mit »Missbrauch« verwendete Fachbegriffe (vgl. Schuhmacher & Marthaler 2017). Keiner dieser definierten Begriffe hat einen jugendspezifischen Entwicklungsbezug.

Vorhandene Empfehlungen und Grenzwerte problematischen Konsums (bspw. empfohlene Trinkmengen zum »risikoarmen Konsum«) für Erwachsene können aber nicht ohne weiteres auf Jugendliche übertragen werden, da die mit dem Konsum verbundenen Gesundheitsrisiken in Abhängigkeit des Entwicklungsstatus stark variieren können (Masten et al. 2008; ▶ Kap. 4).

7

Interventionsplanung und interdisziplinäre Therapieansätze

Die Behandlung von Kindern und Jugendlichen mit suchtbezogenen Störungen erfordert ein hohes Maß an störungs- und altersspezifischer Orientierung. Die besonderen psychosozialen und suchtmedizinischen Umstände und Auswirkungen des Missbrauchs psychoaktiver Substanzen müssen im Entwicklungskontext berücksichtigt werden. Das bedeutet, das etablierte Behandlungskonzepte für süchtige Erwachsene nicht ohne weiteres übertragen werden sollten (vgl. Baving et al. 2007). Im Jugendalter sind eine Reihe von alterskorrelierten Besonderheiten typisch, die bei der Behandlung berücksichtigt werden müssen (vgl. Thomasius et al. 2015):

- Im Jugendalter wird der Behandlungswunsch sehr viel häufiger durch die Angehörigen vorgetragen als durch die Betroffenen selbst.
- Zu Behandlungsbeginn weisen Kinder und Jugendliche mit substanzbezogenen Störungen oft erhebliche, chronifizierte familiäre Konflikte, elterliche Eigenproblematiken und instabile familiäre Situationen auf. Hinzu kommen oftmals Mangelversorgung und Traumatisierungen.
- Im Behandlungsprozess sind die Bedürfnisse nach elterlicher Zuwendung und der Befriedigung unerfüllter und oftmals unerfüllbarer kindlicher Versorgungswünsche ungebrochen hoch.
- Die Anforderungen an pädagogische Förderung sowie schulische und berufliche Qualifikationsmöglichkeiten sind in dieser Altersgruppe ungleich größer als bei den erwachsenen Patienten.
- Im Jugendalter spielen die Gruppe der gleichaltrigen Peers und deren Verhaltensnormen eine ungleich größere Rolle als im Erwachsenenalter. Bei vielen Jugendlichen hat die Peergroup die Funktion einer prominenten Sozialisationsinstanz eingenommen und beeinflusst dementsprechend die Bereitschaft, eine Therapie in Anspruch zu nehmen, maßgeblich.

Der Motivation und dem Familieneinbezug kommt daher eine besondere Wichtigkeit zu. Ein Bedarf an eine besondere therapeutische Haltung gegenüber jugendlichen Patienten und deren Angehörigen kennzeichnet sich außerdem folgendermaßen (vgl. Thomasius et al. 2015; Herpertz-Dahlmann et al. 2008):

- Einhaltung ethischer Prinzipien
- Abstimmung der Erwartungen, Bedürfnisse und Ziele des Jugendlichen selbst, aber auch der der Eltern und des weiteren Umfelds
- Festlegung von Regeln der therapeutischen Kooperation (Einwilligung, Compliance, Medikation etc.)

- Familienorientierung und altersübergreifende therapeutische Kompetenz zum Umgang mit dem Jugendlichen und seinen Eltern
- Einfühlsames Verstehen, Empathie, Akzeptanz und Wertschätzung durch Authentizität, Eindeutigkeit, Anteilnahme und aktives Bemühen des Therapeuten
- Orientierung an Ressourcen und Veränderungsbereitschaft des Patienten, der Familie und des weiteren Umfelds
- Einhaltung systemischer Prinzipien, Zirkulation und Reflexion eigener Anteile am therapeutischen Prozess

Durch die Behandlungsbedingungen muss eine adäquate Behandlung von Doppeldiagnosen und insbesondere der substanzinduzierten Psychosen gewährleistet und bspw. traumatherapeutische Kompetenz vorhanden sein. Suchthilfeeinrichtungen für Erwachsene haben häufig eine schwerpunktmäßige Ausrichtung auf Substanzen, die im Jugendalter eine untergeordnete Rolle spielen (Opiate, Schmerzmittel, Benzodiazepine).

Eine weitere Besonderheit stellen die Anforderungen an pädagogische und insbesondere schulische oder berufliche Qualifikationsmöglichkeiten dar, die mit erwachsenen Patienten nicht vergleichbar sind und die in den *ambulanten, stationären* und (begrenzt) auch *teilstationären* Behandlungsformen berücksichtigt werden müssen (▶ Abb. 7.1). Beispielsweise ist hier auf die strukturgebende Bedeutung von Klinikschulen hinzuweisen, in deren Rahmen jugendliche Patienten soziale Fertigkeiten trainieren und Selbstwirksamkeit erfahren können. Die Möglichkeit eines Klinikschulbesuchs sollte bereits zu Beginn der stationären Behandlung bestehen, während im späteren Therapieverlauf der reguläre Schulbesuch angestrebt werden sollte.

Zusammengefasst sind bei der Auswahl eines geeigneten Settings Rahmenbedingungen abzuklären (z. B. Bedarf nach einem geschützten Umfeld, nach einer Struktur und klaren Grenzen), die körperliche und psychische Verfassung des Patienten zu beachten (z. B. körperliche Folgen des Substanzkonsums, weitere medizinische und/oder psychiatrische Symptomatiken, Art und Ausprägung psychischer Funktionsstörungen und Entwicklungsstörungen, Rückfallpotenzial) und motivationale Aspekte zu berücksichtigen (z. B. Compliance des Jugendlichen und dessen Familie, Vorlieben für bestimmte Behandlungen, etwaige frühere schlechte Erfahrungen oder Behandlungsmisserfolge).

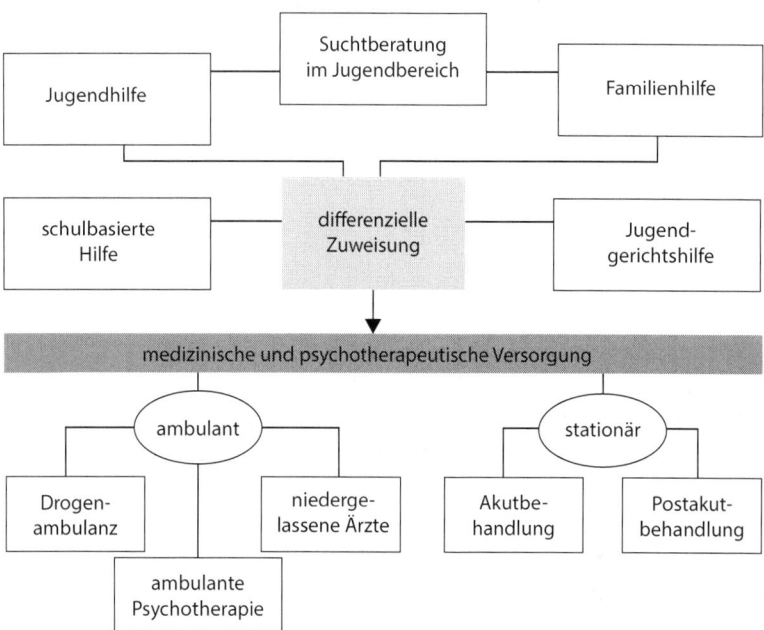

Abb. 7.1: Beratungs- und Behandlungsangebote für Jugendliche mit alkoholbezogenen Störungen (Thomasius 2009, S. 214, mit freundlicher Genehmigung von Schattauer © J.G. Cotta'sche Buchhandlung Nachfolger GmbH, Stuttgart)

Ein typisches Problem in der kinder- und jugendpsychiatrischen und -psychotherapeutischen Suchtmedizin ist darin zu sehen, dass bisher wenige standardisierte Therapiemethoden zur Verfügung stehen. Multimodale ambulante und stationäre Behandlungsprogramme für Kinder und Jugendliche mit substanzbezogenen und komorbiden psychischen Störungen sowie weitere sozialintegrative Behandlungselemente sind bisher kaum untersucht worden und die vorhandenen Studienresultate sind uneinheitlich. Da also für den Einsatz und die Auswahl spezieller Methoden wenig Evidenz vorliegt, ist der Therapeut angehalten, im jeweiligen Einzelfall einen hoch individualisierten Therapieplan zu erstellen, der die komplexen Bedingungen der Suchtentwicklung im Rahmen eines bio-psycho-sozialen Verständnisses ebenso berücksichtigt wie die Ressourcen des jungen Patienten in seinem jeweiligen Lebensumfeld.

7.1 Behandlungsformen und Interventionsplanung

Ein grundlegendes Behandlungsziel in der Suchttherapie von Kindern und Jugendlichen ist das Erreichen von Suchtmittelabstinenz – auch wenn die Verringerung des Substanzkonsums und der Rückfallhäufigkeit sowie die Verbesserung des Funktionsniveaus wichtige (Zwischen-)Ziele darstellen (Thomasius & Stolle 2009; AACAP 2005). Dafür stehen je nach Bedarf unterschiedliche Behandlungsmodelle in stationären oder ambulanten Settings zur Verfügung. Im Vordergrund der meist hochstrukturierten Suchttherapie stehen das Erlernen und Verstetigen alternativer (suchtmittelfreier) gesundheitsförderlicher Strategien zur Konfliktlösung sowie die Förderung von individuellen, familiären und anderen psychosozialen Ressourcen. Kurz-, mittel- und längerfristige Behandlungsziele werden gemeinsam mit der Patientin/dem Patienten, seiner/ihrer Familie, ggf. dem Jugendamt und anderen betroffenen Personen und Institutionen entlang der individuellen Bedürfnisse der Patienten definiert. Häufig sind Perspektivplanungen hinsichtlich des zukünftigen Lebensmittelpunktes, des Umgangs mit Ämtern und mit gerichtlichen Vorgängen und Therapieauflagen in enger Zusammenarbeit mit den zuständigen Behörden und die Planung längerfristiger Anschlussmaßnahmen (bspw. zur Behandlung von komorbiden psychischen Störungen) erforderlich.

Eine *ambulante Beratung oder Behandlung* in einer Suchtberatungsstelle für Jugendliche oder beim niedergelassenen Kinder- und Jugendlichenpsychotherapeuten/-psychiater ist bei vorhandenen intakten sozialen Beziehungen (die nicht durch Substanzkonsum bestimmt sind), wenig Vorbehandlungen, fehlenden oder milde ausgeprägten komorbiden psychischen Störungen und noch funktionaler Tagesstruktur angebracht.

Muss aufgrund der Schwere des Substanzkonsums und/oder einer vorliegenden psychischen komorbiden Störung mit ausgeprägter Einschränkung des psychosozialen Funktionsniveaus oder eines besonderen Schutzbedarfes der Jugendlichen (bspw. vor schädlichen Kontakten zur Drogenszene) die Indikation zu einer *stationären kinder- und jugendpsychiatrischen Behandlung* gestellt werden, erscheint aus bio-psycho-sozialer und entwicklungsorientierter Perspektive die Behandlung nach einem *multimodalen interdisziplinären Konzept* notwendig. Die jugendpsychiatrischen und -psychotherapeutischen Interventionsansätze (Einzel- und Gruppentherapien, Familientherapie, Rückfallpräventionstraining, so genannte ambulante Boostersessions etc.) werden hier multiprofessionell mit komplementären Therapieformen (Bewegungs- und Körpertherapie, Ergotherapie, Musiktherapie) kombiniert. Pädagogische Bezugsbetreuung, tagesstrukturierende Maßnahmen, angeleitete Angebote für körperliche Betätigung und Klinikschulunterricht ergänzen das stationäre Behandlungsangebot. Eine längerfristige Substitutionsbehandlung kommt im Jugendalter nur in Ausnahmefällen bei schwerstkranken Jugendlichen zum Einsatz. Eine begleitende psychopharmakologische Behandlung etwa zur Stabilisierung der Affekt- und Impulskontrolle ist jedoch häufiger indiziert.

In der stationären Behandlung von Kindern und Jugendlichen mit substanzbezogenen und komorbiden psychischen Störungen werden individuelle Therapiepläne eingesetzt, die auf die Konstellation von Substanzmissbrauch und komorbider Erkrankung abgestimmt sind. Insbesondere muss das erhöhte Risiko für Suizide, Behandlungsabbruch und der von Mitpatienten möglicherweise übernommenen Delinquenz berücksichtigt bzw. verringert werden.

Unterschieden wird zwischen Akut- und Postakutbehandlung. Die *Akutbehandlung* (qualifizierte Entzugs- oder Entgiftungsbehandlung) dauert in der Regel 3-12 Wochen. Im Vordergrund stehen dabei eine umfassende medizinische Diagnostik (▶ Kap. 6), die Behandlung von Entzugssymptomen und somatischen Begleiterkrankungen sowie die Förderung von Problemeinsicht und Motivation zur Abstinenz und die Inanspruchnahme weiterführender (ambulanter oder stationärer) Therapie. Die qualifizierte Entzugsbehandlung sollte im optimalen Fall in einer kinder- und jugendpsychiatrischen Klinik mit suchtspezifischem Behandlungsangebot, ausreichend Raumkapazität und Rückzugsmöglichkeiten und ausdrücklich nicht in der Erwachsenenpsychiatrie erfolgen (vgl. Stellungnahme DGKJP 2013).

Aufgrund der hohen Prävalenz komorbider psychischer Störungen ist in den meisten Fällen im Anschluss an die Akutbehandlung eine *kurzzeitige Postakutbehandlung* im Sinne einer stationären kinder- und jugendpsychiatrischen Weiterbehandlung indiziert. Hier stehen die Behandlung der komorbiden psychischen Störung und die Herstellung der Rehabilitationsfähigkeit für eine nachfolgende Therapie im Vordergrund. Bei lange bestehendem Substanzkonsum, hoher Anzahl von Vorbehandlungen und häufigen Rückfällen kann diese im Rahmen einer *längerfristigen Postakutbehandlung* als rehabilitative Langzeittherapie in einer dafür spezialisierten Einrichtung (meist zwischen 12 und 18 Monaten) durchgeführt werden (Kostenübernahme durch Krankenkassen (SGB V), gelegentlich auch durch Jugendhilfe (SGB VIII)). Bei fehlendem sozial stützendem Umfeld und dysfunktionalen Familienstrukturen sollte im Anschluss mit dem Jugendlichen zusammen eine Unterbringung in einer geeigneten Jugend-

hilfeeinrichtung erwogen werden (§§ 34, 35 Kinder und Jugendhilfegesetz (KJHG) nach SGB VIII).
Bei der Behandlung suchtbezogener Störungen im Jugendalter werden typischerweise *vier Behandlungsebenen* berücksichtigt (vgl. Thomasius 2005):

- Behandlung der körperlichen Auswirkungen des Substanzmissbrauchs: Entzugssymptomatik; körperliche Begleit- und Folgeerkrankungen des Substanzmissbrauchs (z. B. Infektionskrankheiten, Haut- und Geschlechtskrankheiten, Magen- und Darmerkrankungen, Zahnerkrankungen, Polyneuropathien; kognitive Störungen etc.).
- Behandlung der psychischen Funktionsstörungen: Wahrnehmungsstörungen (z. B. Craving); Problemlösungsstörungen (z. B. zwanghaft eingeengtes Denken über Beschaffung und Einnahme psychoaktiver Substanzen); Ausdrucksstörungen und emotionale Störungen (z. B. defizitäre emotionale Ausdrucksfähigkeit, impulsives Verhalten, rasch wechselnde Stimmungslagen); Motivationsstörungen (geringe Begeisterungsfähigkeit und Frustrationstoleranz, anhedonistische Grundstimmung); Störungen der Psychomotorik (agitiert oder verlangsamt).
- Behandlung der Entwicklungsstörungen: entwicklungspsychopathologische Syndrome und Entwicklungsdefizite; fehlende Tagesstruktur; fehlende Schul- und Berufsausbildung; substanzmissbrauchende Bezugsgruppe; fehlende Lebensperspektive.
- Behandlung komorbider psychischer Störungen: hyperkinetische Störungen; Störung des Sozialverhaltens; kombinierte Störung des Sozialverhaltens und emotionale Störungen; Störungen sozialer Funktionen mit Beginn in Kindheit und Jugendalter; Angst- und affektive Störungen; Traumafolgestörungen; Schizophrenie; Essstörungen; Persönlichkeitsstörungen etc. (► Kap. 4).

In den Behandlungsleitlinien der Fachgesellschaften werden für die Behandlung von Kindern und Jugendlichen mit substanzbezogenen Störungen spezielle *Behandlungsziele und -prinzipien* wie folgt definiert (vgl. AACAP 2005; DGKJP et al. 2007; Thomasius et al. 2016a):

- Die Behandlung soll intensiv und lang genug sein, um eine dauerhafte Beendigung des Substanzmissbrauchs sowie eine Verbesserung der assoziierten Verhaltens- und emotionalen Probleme zu erzielen.
- Intensität und Dauer der Behandlung sollen an den individuellen Voraussetzungen ausgerichtet werden (bezüglich Substanzmissbrauch, Behandlungsmotivation, komorbider psychischer Störungen, psychosozialem und beruflichem Förderbedarf).
- Die Interventionen sollen möglichst alle dysfunktionalen Lebensbereiche des Jugendlichen abdecken.
- In die Behandlung soll die Herkunftsfamilie des Patienten einbezogen werden.
- Die Eltern sollen in ihrer erzieherischen Kompetenz gestärkt werden; eventuelle Suchtprobleme der Eltern sollen erkannt und ebenfalls behandelt werden.
- Die Behandlung soll den Adoleszenten und seine Familie dabei unterstützen, einen von Suchtmitteln abstinenten Lebensstil zu entwickeln, wozu auch die Vermittlung sinnvoller Freizeitaktivitäten mit abstinenten Gleichaltrigen gehört.
- Der Besuch von Selbsthilfegruppen soll angeregt werden.
- Die Behandlung soll sich auf die sozioökonomischen und kulturellen Voraussetzungen der Patienten einstellen; benachteiligten Familien sollen soziale Hilfen vermittelt werden.
- Das Behandlungsprogramm soll mit anderen örtlichen psychosozialen Versorgungseinrichtungen vernetzt sein.

Aufgrund hoher Rückfallraten sind Anschlussbehandlungen für die Zeit nach Beendigung der voll- oder teilstationären Behandlung notwendig. Für diesen Fall ist die aktuelle Versorgungssituation aber noch nicht optimal. Bestehende Hilfsangebote für Kinder und Jugendliche sind derzeit noch häufig einseitig entweder im Zuständigkeitsbereich der Jugendhilfe oder im medizinischtherapeutischen Versorgungsbereich angesiedelt. Jugendhilfeeinrichtungen, die längerfristige (heil-)pädagogische Begleitung anbieten, sind aktuell oft noch nicht ausreichend in der Lage, ein qualifiziertes, suchtspezifisches Angebot vorzuhalten. Um zu einer Verbesserung der Versorgungssituation zu kommen, braucht es verfügbare Angebote an der Schnittstelle von medizinischer Rehabilitation und Jugendhilfe. Ein flächendeckendes Rehabilitationsangebot, wie es für Erwachsene besteht, das eine klare Kostenzuständigkeit beinhaltet und das den speziellen Bedürfnissen junger Patienten mit substanzbezogenen Störungen gerecht wird, ist derzeit nur eine Zukunftsperspektive. Zudem besteht im Bereich der qualifizierten Entzugsbehandlung eine Versorgungslücke für Kinder und Jugendliche. Dieser Umstand beeinträchtigt die Erfolgsaussichten einer rechtzeitigen Intervention vor allem, weil die Verhinderung einer unverzüglichen Behandlungsaufnahme zum Zeitpunkt des initialen Behandlungsgesuchs ein Fortschreiten des Substanzmissbrauchs mit chronifiziertem Verlauf forciert. Die Bereitstellung von qualifizierten Entzugsbehandlungsplätzen wird für Kinder und Jugendliche in Deutschland – bei regionalen Unterschieden – zurzeit als unzureichend eingeschätzt (DGKJP 2013).

7.2 Interdisziplinäre Therapieansätze

Multimodale stationäre Behandlungsprogramme für Kinder und Jugendliche mit substanzbezogenen und komorbiden Störungen und weitere sozialintegrative Behandlungselemente sind bisher kaum untersucht worden und die vorhandenen Studienresultate sind uneinheitlich. Einige internationale Studien berichten Verbesserungen in verschiedenen relevanten substanz- und psychopathologiebezogenen Parametern (z. B. Winters et al. 2007), allerdings ist eine Bewertung aufgrund heterogener Patienteneigenschaften und Behandlungsmodalitäten und kaum vergleichbarer Ergebniskriterien erschwert. Nach unserem Wissen liegt im deutschsprachigen Raum nur eine einzige Katamneseuntersuchung (12-Monate nach Therapiebeendigung) zur Wirksamkeit der stationären kinder- und jugendpsychiatrischen und psychotherapeutischen Behandlung bei substanzabhängigen Patienten vor (Wartberg et al. 2009). Hier konnte im Zeitverlauf von Aufnahme, Entlassung und 6- bzw. 12-monatigen Nachbefragungen, allerdings bei einer relativ kleinen Stichprobe (n = 71 Patienten in zwei Zentren), eine signifikante Reduzierung des Substanzkonsums und eine Verbesserung der psychopathologischen Symptombelastung festgestellt werden.

Bereits hier wird deutlich, dass die Abstinenz als grundlegendes Behandlungsziel im Jugendalter ein möglicherweise zu hartes Kriterium für den Behandlungserfolg darstellt. Tatsächlich fokussieren die meisten Studien auch generelle Veränderungen im Substanzgebrauch in unterschiedlichen Settings. Weitere wichtige Indikatoren für den Therapieerfolg, etwa der Schulerfolg, die soziale Integration und Veränderungen in anderen relevanten Lebensbereichen, werden meistens nicht weiter berücksichtigt (Thomasius und Stolle 2009; Newcomb & Bentler 1989). Zudem bleiben – ohne nachfolgend berichteten Studienergebnissen vorgreifen zu wollen – wichtige Fragen auf Basis der aktuellen Literatur offen: Wie wirken sich verschiedene Interventionen auf spezielle Untergruppen und Risikopopulationen von Kindern und Jugendlichen aus? Sind diese Interventionen für unterschiedliche Konsummuster differenziell wirksam? Welche Wirkmechanismen sind bekannt?

Insbesondere bei den medikamentösen Therapien für Kinder und Jugendliche mit substanzbezogenen Störungen besteht sehr großer Nachholbedarf. Beispielsweise werden Medikamente im Rahmen der Entzugsbehandlung zur Abmilderung von Entzugssymptomen eingesetzt. Hier werden alters- und geschlechtsspezifische Erkenntnisse v. a. darüber benötigt, inwiefern die für Erwachsene geltenden Dosierungsempfehlungen von Psychopharmaka auf Kinder und Jugendliche in der Akutbehandlung übertragen werden können bzw. inwiefern Dosierungsempfehlungen aufgrund altersspezifischer Patientenmerkmale angepasst werden müssen. Es muss ferner erforscht werden, welche alterstypischen Kontraindikationen für den Einsatz von Psychopharmaka bei Kindern und Jugendlichen mit substanzbezogenen Störungen vorliegen. Ebenso werden Erkenntnisse darüber benötigt, inwieweit eine medikamentöse Rückfallprophylaxe der Substanzabhängigkeit im Kindes- und Jugendalter sinnvoll ist.

7.2.1 Frühintervention durch motivierende Gesprächsführung

Frühe Interventionen können helfen, die Entwicklung einer substanzbezogenen Störung und damit den Einstieg in eine Suchtkarriere abzuwenden. Damit liegen solche Maßnahmen an der Schnittstelle zu indizierten Präventionsmaßnahmen (▶ Kap. 8). Häufig zeigen Kinder und Jugendliche wenig Problembewusstsein und bagatellisieren den Konsum psychotroper Substanzen. Ansatzpunkte, um Problembewusstsein zu erzeugen, können das Gespräch über das Erleben nachlassender Leistungen in Schule/Ausbildung, die damit einhergehende soziale Isolation und weitere unangenehme Begleiterscheinungen des Substanzkonsums sein. Von Anfang an sollte der oder die Behandelnde Zuversicht in eine positive persönliche Entwicklung wecken und Rückfälle nicht vorwurfsvoll als »Scheitern und Versagen« auslegen. Geeignete Techniken sind Varianten der motivierenden Gesprächsführung (*Motivational Interviewing*, MI), die für hoch ambivalente Patienten entwickelt wurden (Miller & Rollnick 2002, 2015), meist im Rahmen von Kurzinterventionen (1 bis 3 Sitzungen) abgehalten werden und trotz ihrer Kürze eine erstaunlich überzeugende empirische Basis haben. Zusammengefasst zeigen vorhandene Studien v. a. günstige kurzfristige Effekte auf den Substanzkonsum. Langfristige Effekte beschränken sich weitgehend auf Folgeprobleme des Substanzkonsums (z. B. Gewalttätigkeit, Schulabsentismus oder Konflikte mit Gleichaltrigen) und weniger auf den Konsum selbst (zusammengefasst bei Thomasius et al. 2016). Aufgrund der nutzerfreundlichen Möglichkeit, eine große Anzahl von Jugendlichen mit Frühintervention zu erreichen, werden internetbasierte motivierende Kurzinterventionen immer wichtiger (▶ Kap. 8). Die Effektivität ist bei sorgfältig aufbereiteten, theoriebasierten Angeboten mit derjenigen von Face-to-face-Interventionen durchaus vergleichbar (vgl. Arnaud et al. 2016).

In der Phase der Adoleszenz, in der die Abgrenzung zu Erwachsenen und Autoritätspersonen eine besonders wichtige Rolle in der Identitätsfindung spielt, sind Jugendliche oft schwer zugänglich für Rat und Empfehlungen von Erwachsenen. Die motivierende Gesprächsführung ist für den Einsatz bei Jugendlichen gut geeignet, da sie eine therapeutische Grundhaltung voraussetzt und Methoden beschreibt, die in besonderer Weise einen konstruktiven Umgang mit jugendtypischer Reaktanz ermöglichen. Beim MI wird Motivation nicht als stabiler Zustand aufgefasst, sondern beschreibt einen veränderbaren und interaktionalen Prozess, der durch den Stil des Therapeuten beeinflusst wird. Ein wichtiges Ziel der motivierenden Gesprächsführung ist das Herbeiführen einer Diskrepanz-Wahrnehmung, im Rahmen derer den Betroffenen die Unvereinbarkeit zwischen dem Problemverhalten und (langfristigen) persönlichen Zielen deutlich wird, wie Verbleib in der Schulklasse oder Führerscheinerwerb. MI zeichnet sich durch eine empathische, altersangemessen partizipative und partnerschaftliche Beziehungsgestaltung aus, die Bevormundung und Ermahnung vermeidet. Ein besonderes Augenmerk wird darauf gelegt, dem Jugendlichen die Verantwortung für das eigene Verhalten zu verdeutlichen und gemeinsam mit dem Jugendlichen wertfrei zu ergründen, welche Zukunftsszenarien unter Beibehaltung oder Änderung des riskanten Substanzkonsums wahrscheinlich sind. Jugendtypische Widerstände werden dabei als Ausdruck der Ambivalenz des Jugendlichen gegenüber einer Verhaltensänderung verstanden und können in diesem Rahmen konstruktiv (»rolling with resistance«, Widerspiegeln der Ambivalenz, Verschieben des Fokus, Zustimmen mit einer Wendung oder Herausstellen der persönlichen Wahlfreiheit) in das Beratungsgespräch eingebracht werden (▶ Kasten: Vertiefung). Das Standardwerk zu MI von Miller und Rollnick liegt auf Deutsch aktuell in der 3. Auflage vor. Mit Naar-King und Suarez (2012) liegt eine Version für Jugendliche und junge Erwachsene auf Deutsch vor. Ein erprobtes Manual zur Durchführung einer motivierenden Kurzintervention bei riskantem Alkoholkonsum bei Jugendlichen haben Diestelkamp und Thomasius (2017) vorgelegt.

Vertiefung: Motivierende Gesprächsführung
Prinzipien der motivierenden Gesprächsführung (nach Miller & Rollnick 2002, 2015)

- Empathische und respektvolle Grundhaltung
- Diskrepanzen zwischen aktuellem Verhalten und Werten, Normen und Zukunftswünschen klären und herausstellen
- Nicht-konfrontativer Umgang mit Widerstand
- Veränderungszuversicht stärken

Methoden der motivierenden Gesprächsführung (nach Spirito et al. 2004)

- Wertschätzung ausdrücken
- Offene Fragen stellen
- Aktiv zuhören
- Anwendung der Methoden des nicht-konfrontativen Umgangs mit Widerstand
- Förderung und Verstärkung veränderungsmotivierender Äußerungen des Patienten
- Zusammenfassungen und Strukturierungen des Gesprächs
- Förderung und Verstärkung von Äußerungen des Patienten, die Zuversicht in geplante Verhaltensänderungen ausdrücken

Neben dem Einsatz als therapeutische Frühintervention können motivierende Kurzinterventionen eingesetzt werden, um Patienten mit einer Indikation für weiterführende stationäre oder ambulante suchttherapeutische Behandlung zu motivieren, diese in Anspruch zu nehmen.

7.2.2 Psychotherapie und Familientherapie

Im stationären und ambulanten (postakuten) Setting kommt ein breites Spektrum an psychotherapeutischen Therapieformen und -elementen zum Einsatz, das häufig eklektisch eingesetzt wird. Einen besonderen Stellenwert haben dabei (einzel- und gruppentherapeutische) Verfahren der kognitiv-behavioralen Therapie, der Verhaltenstherapie und teilweise auch der psychodynamischen Psychotherapie sowie familientherapeutische Ansätze. Im Rahmen der verhaltenstherapeutischen Ansätze werden maladaptive Einstellungen, Gefühle und Verhaltensmuster thematisiert, (problembezogene) Auslösereize identifiziert und alternative Strategien zur positiven Stressbewältigung und Stärkung der Selbst- und Emotionsregulation bis hin zum Aufbau adaptiver Umweltbedingungen und Freizeitaktivitäten vermittelt. Die psychodynamischen Verfahren zielen in erster Linie auf die Erfahrbarkeit und Verbesserung von psychostrukturellen Defiziten (Erkennen eigener Gefühle, Verbesserung der Affektdifferenzierung und Impulskontrolle), eine Bearbeitung vorhandener Abhängigkeits-Autonomie-Konflikte (Abgrenzung von Bedürfnissen anderer, Verbesserung der Beziehungskompetenz), die Stabilisierung des Selbstwerts (Einschätzung eigener Fähigkeiten und Grenzen, Erhöhung der Frustrationstoleranz, Reduzierung von Größenphantasien und Minderwertigkeitsgefühlen) und die Bearbeitung sozialer identitätsbezogener Entwicklungsaufgaben ab (für einen Überblick vgl. Thomasius & Stolle 2009). Gruppentrainings (Angstbewältigung, Kompetenzerwerb (life skills), Entspannungstraining, Stressbewältigung, Rückfallprävention, Psychoedukation und Freizeitgestaltung, Angehörigengruppen) sind typischerweise kognitiv-verhaltenstherapeutisch ausgerichtet. Unter familienbasierten Therapieformen wird eine Vielzahl unterschiedlicher Therapieschulen und Strömungen mit unterschiedlichen Schwerpunkten und Ansätzen zusammengefasst (für einen Überblick siehe Thomasius & Stolle 2009). Die international am weitesten verbreiteten Formen der Familientherapie sind die Multisystemische Therapie (MST), die Multidimensionale Therapie (MDFT), die Familienkurztherapie, die Funktionale Familientherapie, die Ressourcenorientierte Familientherapie sowie die Integrierte Familien- und Kognitiv-Behaviorale Therapie (IFCBT). Aufgrund der Relevanz familienbezogener Risiko- und Schutzfaktoren für den Verlauf des Substanzmissbrauchs von Jugendlichen und dem Risiko von Rückfällen nach einer Behandlung (▶ Kap. 4) sollte die Familie in die Behandlung von Jugendlichen mit substanzbezogenen Störungen einbezogen werden (DGKJP 2007). Auch wenn die vorliegende Evidenz für familienbasierte Therapien nicht ganz eindeutig ist und für die unterschiedlichen familientherapeutischen Ansätze differenziert werden muss, kann das Einbeziehen von Familienangehörigen die Wirksamkeit von therapeutischen Interventionen bei Kindern und Jugendlichen mit einem Substanzmissbrauch erhöhen (Arnaud et al. im Druck).

Die vorhandene empirische Evidenz zur Effektivität psychotherapeutischer Behandlung von Jugendlichen mit substanzbezogenen Störungen ist im Vergleich zur umfangreichen Forschung mit Erwachsenen relativ gering und konzentriert sich hauptsächlich auf den Bereich der alkoholbezogenen Störungen (ausführlich bei Thomasius et al. 2016). Im Vergleich der Therapieformen liegt für die kognitiv-verhaltenstherapeutisch-basierte Einzeltherapien und ausgewählte Gruppentherapien mit verhaltenstherapeutischer Fundierung die umfassendste und überzeugendste Evidenz vor, mit nachgewiesener positiver Wirksamkeit über längere Zeiträume. Auch für verschiedene Formen der familienbasierten Therapie und das MI ist eine Vielzahl von Studien publiziert, allerdings ist hier die methodische Qualität insgesamt geringer einzuschätzen. Für tiefenpsychologisch fundierte oder psychoanalytisch orientierte psychotherapeutische Verfahren liegen aktuell keine Studien mit hoher Evidenzstärke (Metaanalysen und/oder randomisiert-kontrollierte/RCT-Studien) vor, so dass bspw. im Rahmen der aktuellen Behandlungsleitlinie für alkoholbezogene Störungen im Kindes- und Jugendalter (Thomasius et al. 2016) für diese Verfahren keine Empfehlungen ausgesprochen werden.

Die Evidenz für familienbasierte Therapieformen zeigt zusammengenommen, dass bei familienbasierten Therapieprogrammen die Abbruchquoten generell niedriger sind als bei Einzeltherapien, aber lediglich bestimmte Formen der Familientherapie wirksam sind und die methodische Qualität der Studien zur Effektivität familienbasierter Interventionen insgesamt im Vergleich zu den Wirksamkeitsstudien im Bereich der kognitiv-verhaltenstherapeutischen Verfahren schwächer ist. Z. B. liegen für die Familienkurztherapie sowie die Funktionale Familientherapie und die Ressourcenorientierte Familientherapie Studien vor, die diese Verfahren als nicht wirksam ausweisen (siehe Thomasius et al. 2016). Für die auf einem integrierten, familienbasierten, multisystemischen Ansatz basierende Multidimensionale Familientherapie (MDFT) ist die Evidenzlage jedoch besser. Hochwertige Studien zeigen, dass MDFT im Vergleich zu psychoedukativen Mehrfamiliengruppen und Gruppentherapien effektiver und schneller zu einem Rückgang des Alkohol- und weiteren Substanzkonsums (illegale Drogen) führt (Liddle et al. 2004; Liddle et al. 2001). Für die Integrierte Familien- und Kognitiv-Behaviorale Therapie (IFCBT) liegen ebenfalls belastbare Studien vor, die zeigen, dass IFCBT eine wirksame Form familienbasierter Therapie in der Behandlung der alkoholbezogenen Störungen ist und auch zu Verbesserungen in der Familienfunktionalität führt (z. B. Latimer et al. 2003). Der zusätzliche Nutzen begleitender kommunaler Familienhilfe für die Wirksamkeit einer aufsuchenden familienbasierten Therapie ist in einer RCT-Studie (Fishman et al. 2001) überprüft worden und zeigt, dass eine Verzahnung aufsuchender familienbasierter Therapieansätze mit der kommunalen Familien- und Jugendhilfe die für den Behandlungserfolg relevante Abbruchquote sowie familiäre, schulische und sonstige Verhaltensprobleme deutlich verringern kann.

7.3 Qualifizierte Entzugsbehandlung

Die Gemeinsame Suchtkommission der kinder- und jugendpsychiatrischen Fachgesellschaft und der Fachverbände (Deutsche Gesellschaft für Kinder- und Jugendpsychiatrie, Psychosomatik und Psychotherapie sowie Bundesarbeitsgemeinschaft der leitenden Klinikärzte für Kinder- und Jugendpsychiatrie, Psychotherapie und Psychosomatik und Berufsverband der Ärzte für Kinder- und Jugendpsychiatrie, Psychotherapie und Psychosomatik) hat eine konsentierte Stellungnahme zu den Anforderungen, die an die qualifizierte Entzugsbehandlung bei Kindern und Jugendlichen zu stellen sind, vorgelegt (Thomasius et al. 2016b). Die folgenden Ausführungen beziehen sich auf diese Empfehlungen.

Ein grundlegendes Behandlungsziel der qualifizierten Entzugsbehandlung ist das Erreichen von Suchtmittelabstinenz (vgl. AACAP 2005; Thomasius et al. 2016a). Der Patient soll darin unterstützt werden, seine Einstellung zu Suchtmitteln und sein suchtbezogenes Verhalten zu reflektieren. Der Patient soll Suchtmittelfreiheit als ein beständiges Lebensmuster kennen- und akzeptieren lernen.

Im diagnostischen Prozess werden die psychische Komorbidität sowie somatische Erkrankungen gleichermaßen berücksichtigt und es werden erste Behandlungsschritte eingeleitet. Familiäre, schulische und soziale Konflikte und Problemlagen sollen dargestellt und im Rahmen der Behandlungsplanung einer Lösungsperspektive zugeführt werden. Weitere Ziele der qualifizierten Entzugsbehandlung sind das Erlernen und Verstetigen von persönlicher Kompetenz für eine angemessene Spannungsabfuhr sowie ganz allgemein die Förderung von individuellen, familiären und psychosozialen Ressourcen (Salutogenese).

Die Behandlungsziele werden gemeinsam mit dem Patienten und seiner Familie, gegebenenfalls unter Einbeziehung des Jugendamtes sowie aller anderen im jeweiligen Einfall für den Patienten und seine Familie Zuständigen unter einer kurz-, mittel- und längerfristigen Perspektive definiert. Perspektivplanungen hinsichtlich der Unterbringung und des Wohnens sowie des Umgangs mit gerichtlichen Auflagen sind häufige Anliegen, die ebenfalls einer Klärung bedürfen. Bei der Prüfung und Indikationsstellung für Maßnahmen, die sich unmittelbar an die qualifizierte Entzugsbehandlung anschließen, kommen vor allem kinder- und jugendpsychiatrische Behandlungen zwecks Therapie der komorbiden psychischen Störungen sowie Rehabilitationsbehandlungen in medizinischen Einrichtungen oder der Jugendhilfe in Betracht. Weiterhin müssen die Förderung von Bildung und Ausbildung sowie Maßnahmen zur Unterstützung der künftigen Alltagsgestaltung erwogen werden.

Die qualifizierte Entzugsbehandlung wird bei Kindern und Jugendlichen in aller Regel in einer kinder- und jugendpsychiatrischen Klinik bzw. einer kinder- und jugendpsychiatrischen Fachabteilung als vollstationäre Behandlung durchgeführt. Von dem Patienten und seinen Angehörigen wird eine intrinsische *Behandlungsmotivation* erwünscht, sie ist aber keine zwangsläufige Bedingung und muss im Falle einer ambivalenten Motivation im Behandlungsverlauf mit dem Kind bzw. Jugendlichen immer wieder neu erarbeitet werden. Bei Vorliegen einer erheblichen Selbstgefährdung kann unter Hinzuziehung des Familiengerichts im Rahmen des § 1631b BGB eine unfreiwillige Behandlungsaufnahme mit dem Ziel der therapeutischen Erarbeitung einer eigenen Veränderungsmotivation erfolgen.

Im Rahmen der qualifizierten Entzugsbehandlung ist eine intensive und hoch strukturierte Betreuung und Begleitung des Patienten notwendig. Der strukturierte *Behandlungsrahmen* soll einerseits hinreichend Flexibilität für die individuellen Erfordernisse des einzelnen Patienten gewährleisten und andererseits dem Jugendlichen durch transparente Vorgaben und Regelwerke einen angemessenen Orientierungsrahmen bereitstellen.

Die Behandlung umfasst neben Einzel-, Gruppen- und Familientherapie und kinder- und jugendpsychiatrischen Fachtherapien auch tagesstrukturierende Maßnahmen. Darunter fallen die pädagogisch angeleitete Freizeitgestaltung und sportliche Betätigungsfelder unter fachlicher Anleitung. Der Stationsablauf wird im Wesentlichen durch einen strukturierten Wochenplan bestimmt. Die räumliche Ausstattung der Klinik bzw. Fachabteilung sollte den alterstypischen Bedürfnissen von Kindern und Jugendlichen gerecht werden.

Die qualifizierte Entzugsbehandlung sollte auf einer fakultativ geschlossenen Station durchgeführt werden. Das Kind bzw. der Jugendliche soll so vor dysfunktionalen Kontakten zur Drogenszene und Drogenschmuggel auf der Station geschützt werden. Relevant sind darüber hinausgehende freiheitsentziehende und -einschränkende Maßnahmen dann, wenn aufgrund der individuellen Psychopathologie eine Entweichungssicherung des Jugendlichen notwendig wird. In der Hausordnung müssen diese im Rahmen des Behandlungsprozesses sinnvollen Einschränkungen der persönlichen Freiheit transparent definiert werden. Häufig werden Hausordnungen und Regelwerke derart gestaltet, dass die Freiheitsgrade der Patienten im Behandlungsverlauf zunehmen. Dem Patienten wird auf diese Weise – und im Übrigen ganz im Sinne der gesundheitspolitisch erwünschten Behandlungspartizipation – Mitbestimmung bei der Gestaltung der eigenen Freiheitsgrade eingeräumt. Die Hausordnung sollte dem Patienten und dessen Sorgeberechtigten zusammen mit dem Behandlungsvertrag bereits vor der Aufnahme bekannt gemacht und von ihnen gegengezeichnet werden. Die Grundlage jedweder entwicklungsfördernden Therapie ist eine für alle Seiten transparente Vereinbarung über die Rahmenbedingungen der Behandlung.

Die Grundregeln der Behandlung werden in einem *Behandlungsvertrag* definiert. Hier werden unter anderem Alkohol- und

Drogenkonsum, gewalttätiges Verhalten und sexuelle Kontakte innerhalb der Patientengruppe untersagt. Die Vereinbarungen zielen des Weiteren auf einen respektvollen Umgang mit Mitpatienten und Mitarbeitern des Behandlungsteams sowie die pflegliche Behandlung des Stationsinventars.

Eine *befristete Unterbringung* von nicht therapiemotivierten suchtmittelabhängigen Kindern und Jugendlichen ist bei massiver Einschränkung des psychosozialen Funktionsniveaus und Gefährdung des Kindeswohls auch gegen ihren Willen möglich. In diesem Fall müssen die Sorgeberechtigten bzw. die Amtsvormünder einen Antrag beim Familiengericht auf die geschlossene Unterbringung nach § 1631b BGB stellen. In Einzelfällen sind auch Unterbringungen nach den gesetzlichen Grundlagen der Bundesländer möglich. Den Kindern und Jugendlichen wird in diesen Fällen ein Verfahrensbeistand beigeordnet. Über den Antrag der Sorgeberechtigten wird im Rahmen einer richterlichen Anhörung des Betroffenen entschieden. In bestimmten Fällen ist ein therapeutischer Zugang zum suchtmittelabhängigen Kind bzw. Jugendlichen nur durch eine initial geschlossene Unterbringung zu ermöglichen. Ist ein Zugang gelungen, sollte erörtert werden, ob die weitere Behandlung vor dem Hintergrund einer ausreichenden Eigenmotivation des Kindes bzw. Jugendlichen auf freiwilliger Basis fortgeführt werden kann.

Im Rahmen der qualifizierten Entzugsbehandlung sollte für schulpflichtige Kinder und Jugendliche Schulunterricht sichergestellt werden. Der Unterricht soll in der Klinikschule oder in enger Kooperation mit der klinikassoziierten Schule erfolgen. Gezielte Förderung sollte durch Unterricht in Kleingruppen bzw. Einzelunterricht ermöglicht werden. Ziele des Krankenhausunterrichts sind die Motivationserarbeitung zum Lernen und die Klärung der weiteren Schullaufbahn. Eine gelingende Reintegration des Patienten in Schule und Ausbildung ist eine wesentliche Voraussetzung für den Behandlungserfolg.

7.4 Pharmakologische Therapie

Eine pharmakologische Behandlung bezieht sich in erster Linie auf komorbide psychische Störungen und orientiert sich grundsätzlich an den Behandlungsleitlinien der jeweiligen pharmakologisch zu behandelnden Störung (z. B. ADHS). Sie sollte erst nach ausführlicher diagnostischer Abklärung und bei ausreichend langer Abstinenz erwogen werden, wenn die Störung im abstinenten Intervall anhält. »Anti-Craving«-Medikamente, die bei Erwachsenen zur Rückfallbehandlung eingesetzt werden (Disulfiram, Acamprosat und Naltrexon), sind für Kinder und Jugendliche in Deutschland nicht zugelassen. In den wenigen vorliegenden Studien wird weder die in der klinischen Praxis häufig vorzufindende psychiatrische Komorbidität bei Kindern und Jugendlichen mit alkoholbezogenen Störungen noch die erforderliche Differenzierung von Behandlungsansätzen für verschiedene Entwicklungsphasen in Pubertät und Adoleszenz adäquat abgebildet. Der Einsatz von Medikamenten sollte grundsätzlich aus einer psychotherapeutischen Grundhaltung heraus erfolgen.

Die aktuelle Behandlungsleitlinie zu alkoholbezogenen Störungen (Thomasius et al. 2016) empfiehlt zum Einsatz von Psychopharmaka folgendes: bei Komorbidität mit Aufmerksamkeitsdefizit-/Hyperaktivitätsstörung (ADHS) eine geläufige *Methylphenidat*-Medikation besonders kritisch zu hinterfragen, die Medikation zurückhaltend zu planen und im Behandlungsfall genau zu überwachen. Bei Komorbidität mit psychotischen Zustandsbildern, depressiven Störungen, Schlafstörungen, Traumafolgestörungen, Impulskontrollstörungen sowie emotionaler Instabilität sollte einer eventuellen Selbstmedikation durch Alkoholmissbrauch gegebenenfalls durch Medikation der jeweiligen Symptomatik begegnet werden. Bei depressiven und schizophrenen/psychotischen Störungen ist die leitliniengerechte Behandlung mit zugelassenen Antidepressiva bzw. Antipsychotika indiziert. Im Falle einer Medikation mit atypischen Neuroleptika handelt es sich um *individuelle Heil-*

versuche, bei denen Warnhinweise zum *Off-label-use* zu beachten sind und eine ausführliche Aufklärung über mögliche erwünschte und unerwünschte (Wechsel-)Wirkungen mit dem Jugendlichen und dessen Sorgeberechtigten erfolgen muss. Bei einer akuten Alkoholintoxikation mit mittelgradigen bis schweren Symptomen werden analog zur Behandlung von Erwachsenen intensivmedizinische Maßnahmen, Delirbehandlung, die Gabe von Benzodiazepinen und niederpotenten Neuroleptika sowie engmaschige Überwachung des Patienten empfohlen. Im Einzelfall sind der individuelle adoleszente Metabolismus mit gegebenenfalls höherem Medikamentenverbrauch, das Körpergewicht und soweit erkennbar der Verstoffwechselungstyp zu beachten, um die optimale Dosierung der Pharmaka zu finden. Eine routinemäßige Anfallsprophylaxe mit Antikonvulsiva wird bei Jugendlichen nicht als zwingend notwendig angesehen.

Eine weitere Indikation für den Einsatz von Psychopharmaka ergibt sich bei der Behandlung von Entzugssyndromen im Rahmen der qualifizierten Entzugsbehandlung. Die Entzugssymptomatik ist im Jugendalter häufig weniger stark ausgeprägt als bei Erwachsenen. Ihre medikamentöse Linderung ist aber auch im Jugendalter Standard. Vor der Gabe eines Medikaments zur Linderung eines Entzugssyndroms muss der Nachweis des Absetzens oder Reduzierens einer Substanz, nachdem diese wiederholt, meist langanhaltend oder in größerer Menge konsumiert wurde, erbracht werden. Die während des Entzugs auftretenden Symptome sollen den bekannten Merkmalen eines für die Substanz charakteristischen Entzugssyndroms entsprechen und dürfen nicht besser auf eine andere psychische oder Verhaltensstörung zurückgeführt werden können. Im Folgenden werden charakteristische Entzugssyndrome der sechs am häufigsten missbräuchlich von Kindern und Jugendlichen genutzten Substanzen sowie gängige pharmakologische Strategien dargestellt.

7 Interventionsplanung und interdisziplinäre Therapieansätze

Alkoholentzugssyndrom

Das Alkoholentzugssyndrom beginnt 4 bis 12 Stunden nach Ende der Alkoholzufuhr, hat die stärkste Ausprägung am zweiten Tag der Abstinenz und endet häufig nach vier bis fünf Tagen. Der Verlauf des Syndroms muss wegen raschen Wechsels der Symptomatik engmaschig dokumentiert werden. Das Entzugssyndrom ist durch das zeitgleiche Auftreten mehrerer Symptome gekennzeichnet: Tremor der vorgehaltenen Hände/Zunge/Augenlider, Schwitzen, Übelkeit, Würgen oder Erbrechen, Tachykardie/Hypertonie, psychomotorische Unruhe, Kopfschmerzen, Insomnie, Krankheitsgefühl. In kompliziert verlaufenden Entzügen können vorübergehend optische, taktile oder akustische Halluzinationen oder Illusionen auftreten. Krampfanfälle (Grand mal) oder Delirien werden im Alkoholentzug bei Kindern und Jugendlichen ausgesprochen selten beobachtet.

Gemäß der S3-Leitlinie für die Behandlung alkoholbezogener Störungen der AWMF (Mann et al. 2016) sollen schwere und mittelschwere Alkoholentzugssyndrome pharmakologisch behandelt werden. Benzodiazepine sind Medikamente der ersten Wahl. Sie reduzieren die Schwere und Häufigkeit von Alkoholentzugssymptomen sowie die Häufigkeit schwerer Entzugskomplikationen wie Entzugskrampfanfälle und Delirien effektiv. Für die Behandlung deliranter Syndrome mit Halluzinationen, Wahn oder Agitationen sollten Benzodiazepine mit Antipsychotika kombiniert werden.

Cannabisentzugssyndrom

Das Cannabisentzugssyndrom entsteht etwa 10 Stunden nach der Beendigung des regelmäßigen Konsums und kann für einen Zeitraum von 7 bis 21 Tagen anhalten. Symptome des Cannabisentzugssyndroms sind Craving, Appetitminderung, Schlafstörung, Affektlabilität und allgemeine Irritierbarkeit, Angst, Hyperalgesie, Schwitzen (vor allem nachts), innere Unruhe und Anspannung sowie merkwürdige Träume. Bei ausgeprägten Entzugssymptomen können niederpotente Neuroleptika und ggf. Benzodiazepine unter ärztlicher Überwachung gegeben werden.

Kokain- und Amphetaminentzugssyndrom

Die Symptome des Kokain- und des Amphetaminentzugs sind sehr ähnlich und werden daher zusammengefasst dargestellt. Im Vordergrund steht eine Affektstörung im Sinne ausgeprägter Depressivität oder Traurigkeit. Daneben treten recht häufig Lethargie und Müdigkeit, psychomotorische Verlangsamung oder Unruhe, Craving, Appetitsteigerung, Insomnie oder Hypersomnie sowie bizarre oder unangenehme Träume auf. Die Datenlage zur Behandlung des Kokain- und Amphetaminentzugssydroms ist für das Jugendalter ungenügend. Bei selten auftretenden psychotischen Verläufen wird der Einsatz von Benzodiazepinen empfohlen. Im Erwachsenenalter ist eine Behandlung des Entzugssyndroms mit antriebsteigernden Antidepressiva indiziert, für das Jugendalter liegt jedoch keine ausreichende Zahl klinischer Studien vor, die eine entsprechende Behandlungsempfehlung ableiten lassen würde.

Halluzinogene, Ecstasy und psychotrope Pilze

Für Halluzinogene werden im ICD-10 keine Entzugssyndrome beschrieben. Bei länger anhaltendem Ecstasy-Konsum können jedoch bei anhaltender Abstinenz »Nacheffekte« im Sinne von Abgeschlagenheit, Kopfschmerzen, Irritierbarkeit, Schlafstörung und depressiv-ängstlicher Verstimmung auftreten. Hier kann die zeitlich streng limitierte Gabe von Benzodiazepinen sinnvoll sein.

Opioid-Entzugssyndrom

Das Opioid-Entzugssyndrom geht mit mehreren der im Folgenden genannten gleichzeitig auftretenden Symptome einher: Craving, Rhinorrhoe (Nasenlaufen), Niesen, Tränenfluss, Muskelschmerzen oder -krämpfe, abdominelle Spasmen, Übelkeit oder Erbrechen, Diarrhoe, Pupillenerweiterung, Piloerection (»Gänsehaut«), Tachykardie oder Hypertonie sowie unruhiger Schlaf. Im Rahmen der Entzugsbehandlung ist die gestufte Abdosierung der missbrauchten Substanz über mehrere Tage und in seltenen Fällen über mehrere Wochen Entzugsmethode der Wahl. Psychotherapeutische Verfahren und Entspannungstechniken sowie physikalisch-therapeutische Maßnahmen sollten parallel eingesetzt werden. Vor Beginn des opiatgestützten Entzugs ist es besonders wichtig, einen Nachweis sowohl über vorausgegangenen Konsum (Drogenscreening) als auch über das Absetzen der Substanz (charakteristisches Entzugssyndrom) zu erbringen. Im opiatgestützten Entzug (Substitutionstherapie) erfolgt die Umstellung auf ein oral einzunehmendes Opioid (Levomethadon oder Methadon). Dadurch werden Entzugssymptome wirksam reduziert. Typischerweise wird am ersten Behandlungstag zur individuellen Dosisfindung das Opioid wiederholt in geringer Dosierung bei Auftreten von Entzugssymptomen gegeben. Dieses Procedere wird unter Beachtung einer definierten Maximaldosis über 24 Stunden und sorgfältiger Dokumentation im Entzugsprotokoll wiederholt. Am zweiten Behandlungstag wird die Gesamtdosis der vorausgegangenen 24 Stunden addiert und auf drei bis vier Medikationen verteilt. Ab dem dritten Behandlungstag beginnt die vorsichtige Reduktion des Medikaments. Im sogenannten »verdeckten Entzug« wird das flüssige Opioid dem Patienten in Orangensaft gelöst verabreicht, damit die jeweilige Menge bzw. Herabdosierung des Medikaments für den Patienten nicht erkennbar ist.

Entzugssyndrom durch Medikamente

Entzugssyndrome durch Medikamente können infolge unterschiedlicher Kombinationen psychotrop wirksamer Substanzen auftreten: Abhängigkeit ausschließlich von Benzodiazepinen, Mischabhängigkeit von Alkohol und Benzodiazepinen, Mischabhängigkeit von illegalen Drogen und Benzodiazepinen, Abhängigkeit von opioidhaltigen Schmerzmitteln, Abhängigkeit von Mischanalgetika, Abhängigkeit von Appetitzüglern und Psychostimulanzien. Eine Clomethiazolabhängigkeit bei Alkoholkranken wird im Jugendalter fast nie beobachtet. Bei im Vordergrund stehender Benzodiazepinabhängigkeit kann ein Entzugssyndrom auftreten, gekennzeichnet durch Ängstlichkeit, Dysphorie, Schlafstörung, Unruhe, Übelkeit, Appetitlosigkeit, Herzklopfen, Kopfschmerzen, Muskelanspannung, Tremor und Sehstörungen. Im komplizierten Benzodiazepinentzug können epileptische Kampfanfälle, Verwirrtheit, Delir, Depersonalisation, Derealisation, sensorische Hypersensitivität sowie sehr selten psychotische Episoden auftreten. Therapeutisch werden bei Hochdosis-Konsumenten von Benzodiazepinen mittellang wirksame Benzodiazepine gegeben. Die anfängliche Dosis sollte zunächst über fünf Tage beibehalten werden. Eine Dosisreduktion kann nach dem fünften oder sechsten Tag begonnen werden. Im Falle einer Abhängigkeit von Opioid-Analgetika sollte am ersten Behandlungstag eine Umstellung auf Levomethadon oder Methadon erfolgen. Die gestufte Abdosierung geschieht in Analogie zum Vorgehen beim Opioid-Entzugssyndrom.

Generell ist bei der Gabe von Benzodiazepinen und Opioiden zur Linderung eines Entzugssyndromes zu bedenken, dass diese Substanzen ein nicht unerhebliches Suchtpotenzial bergen. Wie bei jeder anderen unerwünschten Arzneimittelwirkung müssen die ungünstigen Effekte einer Medikamentengabe mit der erwünschten Wirkung des Mittels abgewogen werden. Bei schwerwiegenden Abhängigkeiten mit einem körperlichen Entzugssyndrom bzw. bei Entzugssyndromen mit einer hohen Komplikationsrate (Alkohol, Opioide, Benzodiazepine) wird man sich in aller Regel für einen zeitlich limitierten und ärztlich beaufsichtigten Einsatz von Medikamenten entscheiden. Für eine korrekte Indikationsstellung sind die Absicherungen für das Vorliegen einer Abhängigkeit sowie eines Entzugssyndroms auch von medizinrechtlicher Bedeutung.

8

Präventive Ansätze[2]

8.1 Präventionsprogrammatik bei Suchtstörungen

Der Vorbeugung von Störungen im Spektrum verschiedener Substanz- und nichtstoffgebundener Abhängigkeitssyndrome anhand von effektiven Maßnahmen zur Früherkennung und präventiven

---

[2] Dieses Kapitel basiert auf früheren Arbeiten, insbesondere auf Beiträgen zur Bedeutung der Präventiven Psychiatrie (Thomasius, Heinz, Detert & Arnaud 2017) und zur Evidenzbasierung der Suchtprävention (Arnaud 2013).

Interventionen kommt angesichts des Ausmaßes klinisch relevanter Konsummuster in der Gesellschaft (▶ Kap. 3) und der damit verbundenen immensen Belastung in der Versorgungspraxis eine hohe Bedeutung zu (Pabst et al. 2013; Wittchen et al. 2011). Suchtpräventive Maßnahmen beziehen sich auf spezifische Störungsgruppen und deren Bedingungsfaktoren innerhalb der allgemeinen Gesundheitsförderung, setzen auf verschiedenen Ebenen in unterschiedlichen Bereichen an und haben das grundsätzliche Ziel der möglichst frühzeitigen Verhinderung von Schäden für den Einzelnen (Entwicklung eines schädlichen Gebrauchs und Abhängigkeit) und die Bevölkerung insgesamt.

Verhaltensbezogene Präventionsmaßnahmen (im Gegensatz zu *Verhältnisprävention*) werden unterteilt nach der von Gordon (1983) vorgeschlagenen und später durch das US-amerikanische Institute of Medicine (IoM) (Mrazek & Haggerty 1994) eingeführten Klassifikation in universelle, selektive und indizierte Maßnahmen, der zufolge spezifische Bedarfe an Präventionsmaßnahmen den verschiedenen Bevölkerungssegmenten anhand ihres jeweiligen Risikoniveaus zugewiesen werden. *Universelle* Maßnahmen richten sich an Gruppen und Personen in der Normalbevölkerung, unabhängig von ihrem Risikoprofil, missbräuchliches Verhalten zu entwickeln, *selektive* Ansätze dagegen meist an Gruppen, die ein überdurchschnittliches unmittelbares oder späteres Risiko für Substanzmissbrauch haben (zum Beispiel Kinder aus suchtkranken Familien) und *indizierte* Maßnahmen an Individuen ohne klinische Diagnose, aber mit hohem Risiko, das sich anhand minimaler, aber erkennbarer Anzeichen oder subklinischer Symptome manifestiert (National Academy of Sciences 2009). Die systematische Einschätzung des Risikoniveaus verschiedener (Teil-) Populationen, anhand derer dann angemessene Präventionsmaßnahmen zugeordnet werden, wird der durch komplexe Risikofaktorkonstellationen bedingten Entwicklung von Suchtstörungen grundsätzlich gerecht (Fishbein & Ridenour 2013), ist jedoch aufgrund der weiten Verbreitung riskanter Konsummuster und häufiger Komorbidität mit anderen Störungen (▶ Kap. 4) sowie dem häufigen Zusammenhang mit Risikoverhaltensweisen (z. B. Gewalt, Delinquenz und sexuellem Risikoverhalten) anspruchsvoll und nicht immer trennscharf möglich. Der für Suchtstörungen typische und alterskorrelierte Verlauf mit der Hauptinzidenzphase im Kindes- und Jugendalter (▶ Kap. 4) indiziert generell frühzeitig ansetzende Prävention (Thomasius et al. 2009; Wittchen et al. 2008). Daher kommt den Ergebnissen zur Wirksamkeit von Präventionsmaßnahmen im Zusammenhang mit Kindern, Jugendlichen und jungen Erwachsenen eine hohe Bedeutung zu. Wirksamkeit wird hier je nach Einteilung in das oben beschriebene Klassifikationssystem (universell, selektiv, indiziert) verstanden als Verhinderung, Verringerung und/oder Verzögerung des Substanzkonsums (bzw. dessen (sub-)klinischer Ausprägung) oder des entsprechenden Risikoverhaltens im Zusammenhang mit abhängigen Verhaltensweisen (vgl. Bühler & Thrul 2013).

8.2 Verhaltenspräventive und verhältnispräventive Maßnahmen

Grundsätzlich werden in der Prävention *verhaltensbezogene* Maßnahmen, die an individuellem Verhalten in der jeweiligen Zielgruppe ansetzen, von Maßnahmen der *Verhältnisprävention*, die auf eine gesundheitsförderliche Veränderung der Lebenswelten und sozialen Strukturen abzielen, unterschieden. Letztlich ist gesundheitsbezogene Entwicklung nicht allein das Ergebnis individuellen Verhaltens (und dessen biologischen Vorläufern), sondern immer auch durch das wechselseitige Zusammenspiel des Einzelnen innerhalb gesellschaftlicher Bedingungen (vgl. etwa die Häufungen von Konsumprävalenzen unter sozialen Benachteiligungen, v. a. beim Tabakkonsum) geprägt.

Verhältnisbezogene Maßnahmen regulieren – durchaus effektiv – die Verfügbarkeit der legalen Substanzen Alkohol und Tabak, etwa durch steuerliche Maßnahmen und Preispolitik, Werbe- und Verkaufsverbote (bzw. Einschränkungen von Verkaufszeiten und Verkaufsorten) und Mindestalter für die Abgabe (Babor et al. 2010; Marcus & Siedler 2015), aber auch Maßnahmen zur Verbesserung sozialer Bedingungen, des Bildungsniveaus, der Arbeits- und Schulbedingungen und weiterer ökologischer Faktoren. Freilich können viele dieser Maßnahmen nur für die legalen Substanzen eingesetzt werden, die aber auch im Fokus der verhaltensbezogenen Maßnahmen stehen. Außerdem muss man sagen, dass die Evidenzstärke der wenigen vorhandenen Übersichtsarbeiten zur Verhältnisprävention (vgl. Stockings et al. 2016) weit unter derjenigen von Studien zur Verhaltensprävention liegt (Beobachtungsstudien, teilweise auch kombinierter Einzelmaßnahmen vs. RCT-Studien).

In der folgenden Darstellung konzentrieren wir uns daher auf eine zusammenfassende substanzübergreifende (Alkohol, Tabak, illegale Drogen) Einschätzung der Evidenz *verhaltensbezogener* Programme der universellen, selektiven und indizierten Prävention innerhalb bestimmter Handlungsfelder und auf die Umsetzung in der Praxis in Deutschland. Zudem wollen wir – beispielhaft – Befunde zur Kosteneffektivität präventiver Maßnahmen berichten. Eine systematische Ordnung nach Handlungsfeldern und Substanzen bzw. potenziell abhängigen Verhaltensweisen wie von Bühler und Thrul (2013) vor einigen Jahren bereitgestellt, wäre sinnvoll, würde hier aber den Rahmen sprengen.

8.3 Effektivität verhaltensbezogener Prävention

Zur übergeordneten Wirksamkeit suchtpräventiver Maßnahmen lassen sich eine Reihe systematischer Übersichtsarbeiten und Metaanalysen heranziehen (z. B. Bühler & Thrul 2013; Sandler et al. 2014; Hale et al. 2014; Onrust et al. 2016; Jai et al. 2016; Kempf et al. 2017). Zusammengenommen liegen die Effekte der methodologisch zufriedenstellend untersuchten suchtpräventiven Programme demnach überwiegend im statistisch signifikanten, aber kleinen bis mittleren Bereich. Die untersuchten Programme zeigen dabei ein klares Übergewicht im Bereich der universellen Programme im Zusammenhang mit dem Konsum der legalen Substanzen Alkohol und Tabak (bei den illegalen Substanzen liegt der Schwerpunkt auf Cannabis). Die Studienlage wird durch US-amerikanische (47 % aller Studien) und europäische Studien (34 %) dominiert (Kempf et al. 2016). Die Effekte universeller suchtpräventiver Maßnahmen scheinen insgesamt vergleichbar mit denen für andere riskante Verhaltensweisen im Jugendalter zu sein (Salam et al. 2016).

Zur differenziellen Wirksamkeit universeller gegenüber selektiven und indizierten Suchtpräventionsmaßnahmen erlaubt die Literatur derzeit keine eindeutigen und pauschal zutreffenden Schlussfolgerungen. Einzelne Studien weisen darauf hin, dass universelle Maßnahmen insgesamt zwar etwas geringere, aber nicht signifikant verschiedene Effekte herbeiführen als etwa indizierte Maßnahmen, und es konnten vergleichbare Effekte für Präventionsprogramme in unterschiedlichen Risikogruppen, etwa für das bekannte Programm »Unplugged« (Faggiano et al. 2010) gezeigt werden (Miovský et al. 2015). Neben dem Risikostatus der Zielgruppe und einer demnach universellen, selektiven oder indizierten (»targetierten«) Ausrichtung spielen für die Effektivität wohl auch noch andere Faktoren eine entscheidende Rolle. Zum Beispiel zeigt die Metaanalyse von Onrust und Kollegen (2016), dass auch nach alterskorreliertem Entwicklungsstatus in der Zielgruppe differenziert werden muss: Während bei jüngeren Schülerinnen und Schülern (bis Klassenstufe 7), die durch Prävention mehrheitlich erreicht werden (vgl. Kempf et al. 2016), nämlich eher universelle Programme effektiv sind, fallen die Effektstärken targetierter Ansätze mit steigendem Alter deutlich höher aus.

8.3.1 Handlungsfeld Schule

Das Schulsetting ist für suchtpräventive Maßnahmen in besonderem Maß relevant, da in diesem Kontext eine große Anzahl von Personen mit vergleichsweise geringem Aufwand erreicht werden kann (vgl. Patton & Temmerman 2016). Außerdem sind Merkmale der Schule selbst (wie z. B. Schulklima, schulisches Engagement, Schüler-Lehrer-Beziehung etc.) mit riskantem Substanzkonsum assoziiert (Fletcher et al. 2008) und Mechanismen des sozialen Einflusses durch Gleichaltrige (Nachahmung, Peer-Druck, soziale Normen) vorhanden (Gardner & Steinberg 2005). Es liegen hierfür entsprechend auch die mit Abstand meisten Studien (insbesondere universelle Ansätze für die Substanz Tabak) vor.

Für die Beurteilung der Effektivität der verhaltensbezogenen Maßnahmen im Setting Schule liegt eine umfassende Metaanalyse von Onrust und Kollegen (2016) vor, in der 241 meist randomisiert-kontrollierte Studien mit insgesamt 436.180 teilnehmenden Schülerinnen und Schülern zusammenfassend ausgewertet sind. Aufgrund der großen Anzahl eingeschlossener Studien können die Ergebnisse sehr differenziert (nach Altersgruppen, Substanzen und Programmtyp) dargestellt werden. Zusätzlich werden die Effektstärken nach den eingesetzten Interventionscharakteristika (z. B. »Social Influence«-Ansätze, »Peer education«-Ansätze, Elterneinbezug, Gesundheitsinformationen, etc.) gesondert berichtet. Eine ausführliche Darstellung der Ergebnisse würde hier den Rahmen sprengen, es lässt sich aber sagen, dass die Effektstärken hinsichtlich der verschiedenen Ansätze und Substanzen und vor allem in Abhängigkeit der Altersgruppen erheblich variieren. Die zentralen Ergebnisse lassen sich wie folgt zusammenfassen: Für die jüngeren Altersgruppen (Klassenstufe 1 bis 7) sind die Effekte universeller Programme über die verschiedenen Substanzen weitestgehend klein, aber statistisch signifikant und liegen bei d = 0.15, insbesondere dann, wenn sie allgemein und eher breit auf den Aufbau sozialer Kompetenzen, Selbstregulation und Problemlösekompetenzen setzen (targetierte, meist aus der kognitiven

Verhaltenstherapie abgeleitete Ansätze mit Elterneinbezug waren in dieser Altersgruppe mit 0.00 < d > 0.12 statistisch nicht signifikant). Für ältere Schülerinnen und Schüler (bis Klassenstufe 12) waren universelle Programme mit Ausnahme der Tabakprävention meist nicht effektiv und schnitten hinsichtlich der berichteten Effektstärken deutlich schwächer ab als targetierte, meist direkt auf den Substanzkonsum abzielende Ansätze (insbesondere sozioemotionales Lernen und Problemlösekompetenzen). Für Jugendliche der Klassenstufe 6 bis 7 konnten kleine, aber statistisch signifikante Effekte für den Tabak-, Alkohol-, und Drogenkonsum (respektive d = 0.12, d = 0.10, d = 0.08) gezeigt werden. Für die älteren Jugendlichen (Klassenstufe 10 bis 12) lagen die Effekte targetierter Programme im mittleren Bereich und damit am höchsten (Tabak: d = 0.35; Alkohol: d = 0.32; Drogen: d = 0.21).

In einem früheren systematischen Review (Hale et al. 2014) wurden ausschließlich randomisiert-kontrollierte Studien berücksichtigt, die auch im Vergleich zu der oben genannten Arbeit von Onrust und Kollegen (2016) detaillierter dargestellt werden. Insgesamt werteten die Autoren 44 RCT-Studien zu 32 (größtenteils) universellen und (teilweise) selektiven substanzunspezifischen (Alkohol, Tabak, illegale Drogen) Programmen aus (24 davon ausschließlich für das Setting Schule und 8 mit zusätzlich familien- und/oder gemeindebasierten Elementen wie etwa Hausaufgaben- und Erziehungshilfe oder Vernetzung mit kommunalen Beratungsstrukturen). 18 Programme hatten signifikante positive Effekte auf das Konsumverhalten von zwei Substanzen, 9 im Zusammenhang mit allen drei Substanzen. Letztere beinhalteten umfassende psychosoziale Inhalte zur Entwicklung von Lebenskompetenzen und Resilienz (Aufbau sozialer Fertigkeiten, Förderung des persönlichen Verantwortungsgefühls und der Selbstregulation). Die primären Ergebnisparameter waren substanzbezogen, aber durch 5 Programme konnten zusätzlich signifikante Verbesserungen im Zusammenhang mit Delinquenz (Aggression) erreicht werden; 2 Programme führten zu einer Verringerung sexuellen Risikoverhaltens und 4 Programme erreichten signifikante Verbesserungen auf allen drei Ebenen (Substanzkonsum, Aggression, sexuelles Risikoverhalten). Effektive Programme kennzeichnen sich durch entwicklungsorientierte Ansätze zur Vermeidung bzw. Reduzierung riskanter Verhaltensweisen (vor allem Substanzkonsum), sie zielen auf bekannte Schutz- und Risikofaktoren zur Entwicklung und Aufrechterhaltung riskanter Substanzkonsummuster (substanzübergreifend) und die systematische Berücksichtigung negativer sozialer Einflüsse devianter Peers. Die Effektstärken der auf verschiedene Risikoverhaltensweisen abzielenden Programme sind dabei mit denen spezifischer substanzkonsumbezogener Programme vergleichbar. Grundsätzlich sprechen die Befunde also für entwicklungsorientierte Präventionsprogramme, die dabei helfen, ein Verhaltensrepertoire aufzubauen, das gegen Substanzmissbrauch, aber auch andere in der Adoleszenz typische Risikoverhaltensweisen übergreifend protektiv wirkt.

Ältere Metaanalysen zu universellen schulbasierten Programmen der Drogenprävention (Tobler et al. 2000; Hwang & Kollegen 2004) finden über verschiedene Substanzen insgesamt eher geringe langfristige Effekte, die aber für interaktive Programme (v. a. Lebenskompetenztrainings, kognitiv-behaviorale Ansätze und soziale Einflussnahme) gegenüber Programmen zur reinen Wissensvermittlung höher ausfallen, und eine Verbesserung der Effekte, wenn weitere Komponenten wie etwa die Familie integriert werden. Schulische Programme (universell) zur Prävention des Cannabiskonsums unter Jugendlichen (Porath-Waller et al. 2010) haben insgesamt etwas höhere Effektstärken und senken das durchschnittliche Risiko, in den Cannabiskonsum einzusteigen, um ca. 20 %.

8.3.2 Handlungsfeld Familie

Neben den Einflüssen Gleichaltriger sind Risiko- und Schutzfaktoren des familiären Kontexts für die Ätiologie von Suchtstörungen im Jugendalter beispielsweise als Reaktion auf ungünstige Familienverhältnisse von großer Bedeutung und geben Anlass zu familienbezogenen Präventionsmaßnahmen (▶ Kap. 5). Die Literatur hierzu ist im Vergleich zu schulbezogenen Maßnahmen weniger entwickelt, aber es liegt einige Evidenz insbesondere aus US-amerikanischen Studien vor (Arnaud et al. im Druck).

Van Ryzin und Kollegen (2016) fassen die Effekte familienbasierter Prävention aus 116 Publikationen zusammen und kommen insgesamt auf einen kleinen bis mittleren Effekt (d = 0.31) auf den Substanzkonsum (Alkohol, Tabak, illegale Drogen) von Jugendlichen im Alter von 11 bis 21 Jahren, unabhängig davon, welche Substanz im Vordergrund stand. Die Ergebnisse werden nicht nach einzelnen Programmen differenziert. In ihrer metaanalytischen Komponenten-Analyse kommt die Studie aber zu dem Schluss, dass insbesondere Programme, die einen substanziellen Anteil auf den Aufbau positiver Familienbeziehungen und eine positive Zukunftsorientierung der Jugendlichen legen, effektiv sind. Außerdem sprechen die Analysen eindeutig dafür, dass Programme, die separate Komponenten für die Jugendlichen, die Eltern und die Familie als Ganzes setzen, wie es z. B. im Rahmen des *Strengthening Families Program 10–14* (SFP 10–14) vorgesehen ist, effektiv sind. SFP 10–14 besteht aus sieben wöchentlichen Einheiten zuzüglich weiterer Verstärkersitzungen nach Abschluss der initialen Einheiten und verfolgt einen Lebenskompetenz-Ansatz bei den Kindern und Jugendlichen und das Training einer effektiven und konsistenten elterlichen Erziehungs- und Beziehungshaltung seitens der Eltern. Das Programm wurde in einer randomisiert-kontrollierten Studie mit langfristigen Nacherhebungen (bis nach 6 Jahren) von 446 Familien evaluiert (Spoth et al. 1999, 2001, 2004). Die Programmteilnahme führte im Vergleich zu den Kontrollen zu einem signifikant geringeren Alkohol- und Tabakkonsum sowie signifikant weniger Verhaltensauffälligkeiten in der Schule bei zugleich besseren Schulleistungen. Die Unterschiede im Zielverhalten zwischen Interventions- und Kontrollgruppe wurden über die Zeit größer. Im Vergleich zu den Kontrollen fand man bei den an SFP 10–14 teilnehmenden Eltern größere Erziehungskompetenzen und einen eher konsistenten Erziehungsstil, effektivere Kommunikation (Gefühle artikulieren, Grenzen setzen können) sowie ein aktiveres Verfolgen der Entwicklung der Kinder (»parental monitoring«). Mehrere europäische Länder (Großbritannien, Spanien, Polen, Schweden, Italien, Griechenland) adaptierten und evaluierten das Programm, fanden jedoch im Vergleich zu den US-Studien deutlich geringere Effekte. In Schweden bspw. wurde SFP 10–14 in einer stark modifizierten Version an Schulen durchgeführt. Hier konnten keine Effekte des Programms auf den Alkohol- und Drogenkonsum oder das Einstiegsalter in den Konsum nachgewiesen werden (Skärstrand et al. 2013). Auch in Deutschland wurde das Programm kultursensibel und für Familien in schwierigen sozialen Lagen angepasst (▶ Kap. 8.4.1).

Stolle und Kollegen (2010) werteten in ihrem systematischen Review die Effektivität von 15 Programmen (11 universelle und 4 selektive) anhand von insgesamt 42 Einzelstudien aus. Für 8 Programme (6 universelle, 2 selektive) liegen dabei RCT-Studien (zweithöchste Evidenzklasse IB) vor, von denen 7 Programme günstige Effekte auf den Substanzkonsum und Verhaltensauffälligkeiten (Aggression, sozialer Rückzug) für einen Zeitraum von mindestens zwei Jahren zeigen, wobei das bereits genannte SFP 10–14 Programm als am besten evaluiert gilt und mit nach sechs Jahren noch messbaren Effekten auf den Substanzkonsum auch als am vielversprechendsten eingeschätzt wird. Petrie und Kollegen (2007) kommen in ihrer systematischen Betrachtung (20 RCT- und CT-Studien) familienbasierter Programme zu dem Schluss, dass Programme effektiv sind, die statt eines ausschließlichen Blicks auf Substanzen und Substanzkonsum umfassende psychosoziale Inhalte (Entwicklung sozialer Fertigkeiten, Förderung des persönlichen Verantwortungsgefühls und der Selbstregulation) unter aktiver Einbeziehung der Eltern (Erziehungstechniken) beinhalten und v. a. die Zielgruppe der Kinder im Übergang von der Grund- in die weiterführende Schule adressieren. Solche inhaltlich umfassenden alkoholpräventiven Programme in der Familie haben insgesamt kleine, aber konsistente und mittel- bis langfristig anhaltende (teilweise bis zu acht Jahren nach Ende der Maßnahme) und damit relevante Effektstärken, wie Foxcroft und Tsertsvadse (2011) in einer Auswertung von RCTs belegen konnten.

In einer Übersicht zu selektiven familienbasierten Präventionsprogrammen mit dem Schwerpunkt auf Kinder aus suchtbelasteten Familien bewerteten Bröning und Kollegen (2012) insgesamt dreizehn Studien (davon 7 RCTs und 2 CTs) zu neun Programmen (vier schulbasierte, ein gemeindebasiertes, vier familienbasierte). Nur eine aussagekräftige Studie zeigte dabei langfristige Effekte eines Familienprogramms auf substanzbezogene Probleme, nicht aber auf den Konsum selbst, weswegen einer generell positiven Einschätzung derzeit noch die Grundlage fehlt. Übergeordnet zeigt die Befundlage, dass das Setting Familie sich zur Umsetzung universeller und selektiver Prävention riskanten Substanzkonsums und weiterer Risikoverhalten (z. B. Gewalt, riskantes sexuelles Verhalten; Hale et al. 2014) eignet und dass familienbasierte Programme vorliegen, die sich in Studien auch langfristig als wirksam erwiesen haben.

In der einzigen Metaanalyse zu familienbasierten Präventionsprogrammen ermittelten Smit und Kollegen (2008) auf der Grundlage von allerdings gerade mal 9 unabhängigen RCT-Studien eine signifikante Senkung des Risikos, in den Alkoholkonsum einzusteigen (OR = 0.71; 95-%-CI = 0.54, 0.94; 7 RCT-Studien bewertet), und einen kleinen bis mittleren Effekt für die Verringerung der Trinkhäufigkeit (d = –0.25; 95-%-CI = –0.37, –0.12) jeweils für Jugendliche unter 16 Jahren sowie lang anhaltende präventive Effekte für den Konsumeinstieg von bis zu 48 Monaten (OR = 0.53; 95-%-CI = 0.38, 0.75).

Insgesamt einschränkend muss gesagt werden, dass die Befunde nicht ohne Weiteres verallgemeinert werden können, da familienbasierte Programme z. T. sehr heterogen sind und sich beispielsweise hinsichtlich der primären Targetierung der eingebundenen Familienmitglieder deutlich unterscheiden. Es muss zudem darauf hingewiesen werden, dass bei selektiven Maßnahmen im Gruppensetting darauf geachtet werden muss, dass keine schädlichen (sogenannten »iatrogenen«) Effekte durch das gegenseitige Anstiften zu gesteigert problematischem Verhalten ausgelöst werden.

8.3.3 Handlungsfeld Gemeinde

Gemeindebasierte Projekte bestehen meist aus mehreren Komponenten und kombinieren verschiedenste Maßnahmen im Schul-, Familien- und Freizeitkontext in einer geografischen Einheit (Kommune, Stadtviertel, Region), die von kommunalen Entscheidungsträgern initiiert und innerhalb der kommunalen Netzwerkpartner (sogenannte community coalitions) implementiert werden (Bühler & Thrul 2013). Die Abgrenzung zwischen universellen und selektiven Maßnahmen ist in den meisten Fällen nicht trennscharf zu vollziehen, da es sich zwar meist um Angebote für die Allgemeinbevölkerung (universell), jedoch oftmals in sozial benachteiligten Regionen und damit mit erhöhtem Risiko für Substanzmissbrauch (selektiv) handelt. Wegen der Einbindung in die politische Willensbildung verbinden solche Projekte oft verhaltens- und verhältnispräventive (z. B. Verfügbarkeit von Alkohol) Strategien. Da gemeindebasierte Maßnahmen verschiedene Präventionsprogramme in den oben beschriebenen Handlungsfeldern integrieren, lassen sich grundsätzlich Evidenzen daraus heranziehen. Metaanalysen, die die kollektive Wirksamkeit der Mehrkomponentenprogramme bewerten oder etwa die Überlegenheit gegenüber Einzelmaßnahmen belegen, liegen derzeit nicht vor.

Unsystematische Übersichtsarbeiten dokumentieren aber, dass community coalitions den Einstieg in den Alkoholkonsum und Binge-drinking (Fagan et al. 2011), das Rauchen (Carson et al. 2011) und den Cannabiskonsum (Gates et al. 2009) von Jugendlichen und jungen Erwachsenen sowie andere jugendtypische Risikoverhaltensweisen (z. B. Delinquenz, sexuelles Verhalten; Hale et al. 2014) günstig, aber mit insgesamt niedrigen Effektstärken beeinflussen können.

Zwei US-amerikanische Beispiele für Suchtprävention im Rahmen von Netzwerken in der Gemeinde zur Gesundheitsentwicklung (z. B. Schulen, Universitäten, lokale Hilfsangebote) sind die Programme PROSPER (**PRO**moting **S**chool – community – university **P**artnerships to **E**nhance **R**esilience, Spoth et al. 2015) und 4-H Health Rocks (Self et al. 2013). In diesen Programmen werden sozialökologische Dimensionen (also mehrere Ebenen, die für positive Entwicklung relevant sind) einbezogen und evidenzbasierte Komponenten für Suchtprävention neben allgemeinen entwicklungsfördernden Programmbausteinen in unterschiedlichem Umfang integriert. Bei dem sehr umfangreichen und über einen Zeitraum von zwei Jahren angelegten PROSPER werden verschiedene, hauptsächlich in die Familie und Schule eingebundene Programme (z. B. SFP 10–14) implementiert. Im Rahmen von 4-H Health Rocks werden suchtpräventive Maßnahmen vor allem über den in den USA verbreiteten Kontext der Feriencamps angeboten. Die Ergebnisse sind durchaus positiv. Die Auswertung von PROSPER ergab eine 18,8 prozentige Reduktion des Konsums verschiedener Substanzen gegenüber einer Kontrollgruppe 5 Jahre nach der Intervention (15 % nach einem weiteren Jahr). Die Auswertung von 4-H Health Rocks ergab in einer unkontrollierten Prä-post-Messung signifikante Verbesserungen in individuellen kognitiven suchtbezogenen Risikofaktoren (bspw. Einstellungen, Wissen und soziokognitiven Skills).

8.3.4 Handlungsfeld Internet

Internet- und technologiegestützte Ansätze werden in der Prävention von Suchtstörungen aufgrund ihres anonymen, zeit- und ortsunabhängigen Zugangs und auch aufgrund ihrer Akzeptanz bei jungen Leuten als sehr vielversprechend eingestuft (Marsch & Borodovsky 2016). Die Anzahl spezifischer Anwendungen für Screening, Prävention, Beratung und Rückfallprävention im Zusammenhang mit problematischem Substanzgebrauch ist inzwischen durch die rapide Ausbreitung elektronischer Medien und Endgeräte stark angewachsen (Dedert et al. 2015). Die verfügbaren Programme sind sehr vielfältig, sowohl was die Kontexte, Anwendungsformen und Zielgruppen angeht als auch die theoretischen Wirkmodelle und eingesetzten Techniken der Verhaltensänderung. Angebote reichen von vollautomatisierten Kurzinterventionen mit einer einzigen Einheit (z. B. Arnaud et al. 2016) bis hin zu modularisierten Programmen, die längerfristig durchlaufen und durch geschultes Personal begleitet werden (Shingleton & Palfai 2016).

Für die Einschätzung der Evidenz zur Reduzierung von Alkoholkonsum haben Sundström und Kollegen (2017) eine aktuelle Synthese von 14 systematischen Übersichtsarbeiten (»Review of Systematic Reviews«) vorgelegt. Die vorhandene Literatur betrifft mehrheitlich indizierte Maßnahmen zum Alkoholkonsum in Populationen (junger) Erwachsener und vernachlässigt jüngere Zielgruppen. Zusammengenommen lässt sich aus der Auswertung ableiten, dass elektronische bzw. auf digitalen Medien basierende Interventionen zur Senkung des Alkoholkonsums (meist im Rahmen kleiner signifikanter Effektstärken) beitragen und durchschnittlich zu einer wöchentlich um etwa 2,5 alkoholische Standardgetränke verringerte Konsummenge gegenüber einer unbehandelten Kontrollgruppe führen. Allerdings ist dies ein gemittelter Wert. Tatsächlich gibt es wie erwartet eine große Streuung der Effekte; für Jüngere ist die Wirksamkeit vergleichsweise niedriger, auch was die langfristige Wirkung betrifft, die im Allgemeinen unter 12 Monaten liegt.

In einer älteren Übersicht von Champion und Kollegen (2012) werden zwölf Studien zu schulbasierten internet- bzw. computergestützten (CD-ROM) Programmen zusammengefasst. Insgesamt zeigen sich kleine, aber konsistente durchschnittliche gewichtete Effekte für die Verringerung der Konsumhäufigkeit von Tabak-, Alkohol- und Cannabiskonsum von d = 0.09–0.38 (OR = 0.36–0.71). Die effektiven Programme hatten zwischen vier und zwölf Sitzungen. Tait und Christensen (2010) berechneten die Effektstärke vollautomatisierter webbasierter Programme, die insbesondere für bereits stärker Alkohol konsumierende junge Erwachsene (meist College-Studenten bis 25 Jahre) und damit als indizierte Programme vorliegen, die analog zu persönlichen Kurzinterventionen meist mit individualisierten Programminhalten (Feedback zum Risiko des Konsums, normative Einordnung des Konsums und weitere zugeschnittene Inhalte) vorgehen. Die Analyse ergab insgesamt niedrige durchschnittliche gewichtete Effektstärken von d = 0.22 für die Verringerung des Alkoholkonsums und etwas stärkere Effekte für die spezifischen Zielgrößen Binge-drinking (d = 0.35) und alkoholbezogene soziale Probleme (d = 0.57) bei Nachbefragungszeiträumen von 30 Tagen bis 12 Monaten (durchschnittlich 3,5 Monate). Die Effekte sind mit denen persönlicher Kurzinterventionen vergleichbar (Barak et al. 2008).

Spätere und daher nicht in diesem Review beachtete Studien erbrachten ebenfalls signifikante Effekte für indizierte Programme mit einer einzigen motivierenden Sitzung bei bereits riskant konsumierenden Jugendlichen (d = 0.26; Arnaud et al. 2016) bzw. junge Erwachsene (d = 0.13; Voogt et al. 2014). Diese beiden Studien sind auch deshalb zu erwähnen, weil es sich hierbei um Studien im europäischen Kontext handelt.

O'Rourke und Kollegen (2016) schließlich berichten in ihrem Review ergänzend die Effekte von wiederum indizierten Interventionen, die eher allgemein elektronische Kommunikationswege (also neben dem Internet auch SMS-Nachrichten, mobile Apps und soziale Netzwerkseiten) einschließen, und kommen ebenfalls unabhängig von der Länge der jeweiligen Intervention zu vergleichbar günstigen Ergebnissen durch individualisierte und elektronisch vermittelte Rückmeldungen zum Substanzkonsum.

8.3.5 Indizierte Prävention bei Personen mit Risikosymptomen

Spirito und Kollegen (2004) untersuchten die Wirksamkeit einer ca. 35- bis 45-minütigen motivierenden Kurzintervention bei jugendlichen Patienten (13 bis 17 Jahre, N = 152), die aufgrund eines alkoholbezogenen Vorfalls in der Notaufnahme vorstellig wurden. Inhalte der Intervention waren u. a. die Betonung der persönlichen Verantwortung für Verhaltensänderung, das Herausarbeiten einer Diskrepanz zwischen aktuellem und angestrebtem Verhalten, Anpassung des von Jugendlichen in der Menge und Häufigkeit typischerweise überschätzten Alkoholkonsums in der Peergruppe, Förderung der Selbstwirksamkeit durch Exploration alternativer Verhaltens- und Copingstrategien, Aufbau von Veränderungsbereitschaft und -zuversicht sowie die Vorausschau auf den Umgang mit späteren Risikosituationen und das Formulieren von Zielen. Hierbei zeigte sich, dass diejenigen Jugendlichen, die vor der Intervention ein positives Screeningergebnis für alkoholbezogene Probleme hatten, von der Intervention in besonderem Maße profitierten und signifikant niedrigere Angaben zur Häufigkeit des Alkoholkonsums (30 Tage) und der Häufigkeit des Rauschtrinkens (mehr als fünf alkoholische Getränke pro Trinkgelegenheit) machten. Wenn die Studie auch kein Präventions*programm* beschreibt (im Sinne eines manualisierten Programms mit entsprechender Infrastruktur zur breiten Dissemination), erscheint uns die Untersuchung erwähnenswert, da sie die Grundlage für das in Deutschland weit verbreitete indizierte Programm HaLT – *Hart am LimiT* bildet (▶ Kap. 8.4.4).

Einen personalisierten Ansatz für risikobelastete Personen, die bereits Risikosymptome aufweisen, verfolgen Conrod und Kollegen (2011). Sie entwickelten ein gezieltes, unserer Auffassung nach an der Schnittstelle von selektiver und indizierter Prävention liegendes, schulbasiertes Präventionsprogramm für konsumierende Jugendliche mit hoher Ausprägung der vier Persönlichkeitsmerkmale Hoffnungslosigkeit, Angstsensitivität, Impulsivität und Sensation Seeking, die mit riskantem Substanzkonsum assoziiert sind (Conrod et al. 2000). In mehreren randomisiert-kontrollierten Studien mit Follow-up-Messungen von bis zu 24 Monaten konnten Conrod und Kollegen (2006, 2008, 2010) die Effektivität zweier Interventionseinheiten zeigen, die entsprechend der dominanten Persönlichkeitsmerkmale und der sich daraus ergebenden

Motive für riskanten Substanzkonsum gestaltet waren. In einer ersten Studie zeigte sich, dass Hochrisikoschüler (im Alter von ca. 14 Jahren) ihr riskantes Trinkverhalten (Trinkhäufigkeit, Bingedrinking) vier Monate nach der Intervention verringerten und dass ihre alkoholbezogenen Probleme abnahmen (Conrod et al. 2006). In einer zweiten Studie (Preventure Trial, Conrod et al. 2008, 2010) anhand einer etwas jüngeren Stichprobe aus 710 Schülern bestätigten sich die günstigen Effekte der Intervention für einen Zeitraum von 6 Monaten und für ein kombiniertes Maß für Trinkmenge und Trinkhäufigkeit auch im Verlauf über ein Jahr. In einem 2-Jahres-Follow-up zeigten sich auch langfristig günstige Effekte in der Verringerung von Symptomen alkoholbezogener Probleme (d = 0.33). Zudem konnte die Wahrscheinlichkeit, innerhalb dieses Zeitraums mit dem Konsum von Kokain zu beginnen, in der Interventionsgruppe um 80 %, für Cannabis um 30 % und für (irgend)eine andere illegale Substanz um 50 % reduziert werden (Conrod et al. 2010).

Bezüglich indizierter Präventionsprogramme beobachteten Petras und andere (2008), dass das sogenannte *Good Behavior Game* (GBG), ein Programm für Schulklassen, das aggressives Verhalten reduzieren und die sozialen Kompetenzen der Schüler verstärken soll, das bei 2.311 Schülern von 19 innerstädtischen Schulen mit überwiegend afroamerikanischen Schülern durchgeführt wurde, auch später bei den dann jungen Erwachsenen im Alter von 19 bis 21 Jahren noch deutliche Effekte zeigte. Diese fanden sich vor allem bei jungen Männern mit der Tendenz zu aggressiven Verhaltensweisen; sie zeigten weniger kriminelles Verhalten und erhielten seltener die Diagnose einer antisozialen Persönlichkeitsstörung, die häufig komorbid mit dem Gebrauch (illegaler) Drogen verbunden ist (Vimpani 2005).

8.4 Umsetzung in Deutschland

In Deutschland steht eine Reihe von Programmen zur Verfügung, die über ein Manual und eine Infrastruktur zur Dissemination verfügen. Im Folgenden werden beispielhaft evaluierte Programme aus den verschiedenen Settings dargestellt. Es muss aber berücksichtigt werden, dass mit Ausnahme einzelner Arbeiten in den Handlungsfeldern Schule und Familie deutsche Beiträge zur Wirksamkeitsforschung kaum vorliegen und die Effektgrößen der verhaltensbezogenen Programme größtenteils aus US-amerikanischen Studien abgeleitet sind. Damit sind wichtige Voraussetzungen für eine Qualitätssteigerung in der nationalen Praxis der Suchtprävention für die Implementation evidenzbasierter Maßnahmen der Suchtpräventionsforschung nicht ausreichend gegeben (Hoff et al. 2015). Bühler und Thrul (2013) halten es für erstrebenswert, dass als Mindestvoraussetzung für breit zu implementierende Maßnahmen mindestens eine methodisch hochwertige Referenzstudie (RCT) mit einem ausreichend langen Nachbefragungsintervall vorliegt.

Vor dem Hintergrund einer insgesamt geringen Nutzung evidenzbasierter Maßnahmen in der Praxis der Suchtprävention sollte die Forschung neben der Bewertung der Wirksamkeit neu entwickelter Maßnahmen auch Übertragungs- und Implementationsaspekte vorhandener und einsatzfähiger Programme stärker als bisher berücksichtigen (Arnaud 2015). Mit der »Grünen Liste Prävention« (http://www.gruene-liste-praevention.de) liegt eine Liste verfügbarer Programme vor, die entsprechend ihrer Konzeptqualität und Evidenzstärke auf Basis von deutschen und internationalen Einzelstudien bewertet werden.

8.4.1 Maßnahmen im Handlungsfeld Familie

Wenngleich vereinzelte Präventionsmaßnahmen aus dem Schulkontext die Eltern einbeziehen (z. B. Kalke et al. 2011) und einige suchtunspezifische familienbezogene Präventionsprogramme in Deutschland umgesetzt werden (z. B. Triple P, Heinrichs et al. 2014), ist die familienbasierte Suchtprävention hierzulande kaum etabliert. Wissenschaftlich fundiert und in Deutschland evaluiert sind unseres Wissens derzeit allein zwei Programme, *Trampolin* und *Familien stärken*. Letzteres ist das für Deutschland adaptierte *Strengthening Families Program 10–14* (SFP 10–14; Molgaard et al. 2000, ▶ Kap. 8.3.2).

In einer multizentrischen randomisiert-kontrollierten Evaluationsstudie, an der 292 Familien teilnahmen, wurde die Effektivität des Programms *Familien stärken* in Deutschland untersucht. (Durchgeführt wurde das Programm in sozial-benachteiligten Bezirken in den vier Ballungsräumen Hamburg, München, Hannover und Schwerin.) Die Studie zeigte, dass das Programm hinsichtlich einer Verhinderung des Einstiegs in den Tabakkonsum effektiv ist (Baldus et al. 2016). Differenzielle Analysen zeigten außerdem, dass das Programm insbesondere für Familien mit Kindern, die bereits erste Verhaltensauffälligkeiten zeigen, entwicklungsbegünstigend wirkt (Bröning et al. 2017). Solche differenziellen Analysen sind eine wichtige Grundlage für einen dringend benötigten ziel- bzw. zielgruppengerichteten Ansatz in der Präventionsforschung. Die Analysen zeigen ebenfalls, dass *Familien stärken* von den teilnehmenden Familien und den durchführenden Fachkräften in Deutschland akzeptiert und innerhalb der Strukturen des psychosozialen Hilfesystems (v. a. der Jugendhilfe-Settings) als gut durchführbar eingeschätzt wird, die Ergebnisse hinsichtlich der Prävention des Alkoholkonsums aber nicht an die US-amerikanischen Vorläuferstudien heranreichen.

Ein Beispiel für ein selektives Präventionsprogramm für Kinder aus suchtbelasteten Familien ist *Trampolin* (Bröning et al. 2012), das für Familien mit Kindern zwischen 8 und 12 Jahren entwickelt und an verschiedenen Standorten (ambulante Beratungsstellen der Sucht-, Jugend-, Familien- und Selbsthilfe) in Deutschland erprobt worden ist und das darauf abzielt, die psychische Belastung durch die elterliche Suchterkrankung zu reduzieren und das Wissen zu Suchterkrankungen und dessen Auswirkungen sowie die Handlungs- und Bewältigungskompetenz der Kinder langfristig zu erhöhen. Die Evaluationsergebnisse schließen N = 218 Kinder (N = 130 Trampolin, N = 88 Kontrollgruppe mit suchtunspezifischer pädagogischer Aktivität gleichen Umfangs »Hüpfburg«) ein (Klein et al. 2013). Günstige Programmeffekte sechs Monate nach Beendigung der Maßnahme zeigten sich durch eine signifikante Zunahme des Wissens zu Suchterkrankungen (F = 5.18; p = .024), einer signifikanten Abnahme der psychischen Belastung durch die elterliche Suchterkrankung (F = 4.38; p = .038) und einer marginal signifikant geringeren Ausprägung destruktiver Emotionsregulationsmuster (F = 3.61; p = .059) (Bröning et al. im Druck). Die Akzeptanz der Programminhalte und der Durchführungsbedingungen wurde insgesamt hoch bewertet (Haevelmann et al. 2013).

8.4.2 Handlungsfeld Schule

Das in einem europäischen Verbund entwickelte und derzeit in 11 Ländern eingesetzte *Unplugged* ist für Jugendliche zwischen 12 und 14 Jahren konzipiert und zielt ab auf die Prävention des Konsums und Missbrauchs legaler und illegaler Substanzen, die Verringerung des Einstiegs in deren Konsum und das Hinauszögern des regelmäßigen Konsums. Es integriert mehrere Komponenten wie Familienfunktionalität, Wissensvermittlung, Korrektur normativer Überzeugungen über Substanzkonsum und die Förderung von Sozial- und Lebenskompetenz in 12 interaktiven und strukturierten Unterrichtseinheiten. In einer aufwändigen Studie in 7 europäischen Ländern (Italien, Österreich, Belgien, Griechenland, Deutschland, Spanien, Schweden) anhand von 7.079 Schülern (über verschiedene sozioökonomische Schichten) im Alter von 12 bis 14 Jahren in 143 Schulen konnten eine Verringerung der Trunkenheitsepisoden sowie der Häufigkeit des Cannabiskonsums (vergangene 30 Tage) noch nach 18 Monaten nachgewiesen werden, während das Programm für die Prävention des Rauchens nur kurzfristig wirksam war (Faggiano et al. 2010).

Das *be smart don't start*-Programm (Isensee et al. 2012) ist als Klassenwettbewerb zur Verzögerung bzw. Verhinderung des Einstiegs in das (regelmäßige) Rauchen bei 11- bis 14-jährigen Schülerinnen und Schülern (Klassenstufen 5 bis 8) konzipiert worden und zielt auf eine Denormalisierung des Rauchens im Klassenverband ab, wobei die Klassen selbst über die Teilnahme entscheiden und sich die Schülerinnen und Schüler vertraglich verpflichten, über einen Zeitraum von einem halben Jahr im laufenden Schuljahr nicht zu rauchen. Seit Beginn der Umsetzung in Deutschland haben 159.603 Klassen mit über 4,1 Millionen Schülerinnen und Schülern an dem Programm teilgenommen. Der Rauchstatus wird wöchentlich im Selbstbericht erfasst und die Klasse scheidet aus dem Wettbewerb aus, wenn mehr als 10 % der Schülerinnen und Schüler einer Klasse rauchen. Während der Wettbewerbsdauer rauchfreie Klassen erhalten Zertifikate, Geld- und Sachpreise. Ergebnisse aus einer Metaanalyse (fünf RCTs aus Deutschland, Finnland und den Niederlanden – dort genannt *Smoke Free Class Competition*) mit insgesamt 16.302 Schülern und Befragungszeiträumen von bis zu 24 Monaten ergaben eine gemittelte Risiko-Ratio von RR = 0.86 (95-%-CI = 0.79, 0.94; z = 3.44; p = .001) für die Wahrscheinlichkeit, innerhalb der Befragungszeiträume zu rauchen. Das entspricht einer benötigten Anzahl von 23 Schülern (numer-needed-to-treat), die an der Maßnahme teilnehmen müssen, um einen Schüler in einer Periode von 24 Monaten vom Einstieg in das Rauchen abzuhalten (Isensee et al. 2012; Isensee & Hanewinkel 2012).

Ein bereits im Grundschulalter ansetzendes Programm zur Prävention und allgemeinen Gesundheitsförderung ist *Klasse 2000*, mit dem seit 1991 eine große Anzahl von Kindern erreicht wurde. In einer längsschnittlichen Studie zeigten sich in den Befragungen 36 Monate nach der Programmteilnahme eine geringere Lebenszeitprävalenz des Rauchens, nicht aber für den Alkoholkonsum (Isensee et al. 2015).

Im Bereich der Alkoholprävention liegt das Programm *Aktion Glasklar* vor, das für den Schulkontext evaluiert ist (Morgenstern et al. 2009), aber auch in anderen Settings der Jugendarbeit angewendet werden kann. Neben internetbasierten Ressourcen zur Information soll das Programm insbesondere eine Sensibilisierung der Jugendlichen und ihrer Bezugspersonen über den Alkoholkonsum herbeiführen und die Auseinandersetzung mit der Thematik unter Jugendlichen fördern. Durch das Programm konnte im Schulkontext eine Reduzierung des Rauschtrinkens und ein Zuwachs an alkoholbezogenem Wissen erreicht werden. Ein Beispiel für ein verbreitetes Programm ist *Lieber schlau als blau – für Jugendliche* (Lindenmeyer & Rost 2008), das u. a. durch ein kontrolliertes »Trinkexperiment« unter Aufsicht des Lehrpersonals Kompetenzen in kritischen Trinksituationen für 13- bis 16-Jährige vermittelt.

Weitere schulbasierte universelle Programme, die auf den Aufbau von Lebenskompetenzen abzielen und den Einstieg in den Substanzkonsum hinauszögern, sind IPSY (*Information + Psychosoziale Kompetenz = Schutz*; Weichold & Silbereisen 2014) und ALF (*Allgemeine Lebenskompetenzen und Fertigkeiten*; Walden et al. 1998). Laut einer Metaanalyse von Bühler (2016), in der nur solche Studien (n = 13, allerdings nur 2 RCTs) eingeschlossen wurden, die in Deutschland durchgeführt wurden und die einen schulbasierten Lebenskompetenzen-Ansatz verfolgten, sind die entsprechenden Angebote effektiv. Es handelt sich (ähnlich der internationalen Befundlage, ▶ Kap. 8.3.1) um meistens kleine, aber signifikante Effekte, insbesondere für die Vermeidung des Einstiegs in den Tabakkonsum (Risk Ratio RR = 0.77) und das Aufschieben des Alkoholkonsums (RR = 0.78).

Universelle Präventionsprogramme im Bereich der Glücksspielsucht fokussieren in der Regel auf Schulungsmaßnahmen von Mitarbeitern im Glücksspielbereich, allgemeine Informationskampagnen sowie Schulungen von Multiplikatoren, die durch die Landesstellen für Glücksspielsucht der einzelnen Bundesländer koordiniert werden. Im Rahmen eines Unterrichtsprogramms zur

Glücksspielprävention im schulischen Setting (Kalke, Buth & Hiller 2013) können Schülerinnen und Schüler anhand eines Parcours zum Thema Glücksspiel interaktiv ihr Wissen erweitern. Der alters- und schultypübergreifende Präventionsansatz soll bei den Jugendlichen darauf hinwirken, erste Spielerfahrungen hinauszuzögern und einen reflektierten, kritischen und kontrollierten Umgang mit Glücksspielen zu ermöglichen.

8.4.3 Handlungsfeld Internet

In Deutschland werden internetbezogene suchtpräventive Formate hauptsächlich von der Bundeszentrale für gesundheitliche Aufklärung (BZgA) angeboten. Den größten Teil des Webangebots bilden hierbei Informationsmöglichkeiten wie etwa die substanzübergreifende Plattform www.drugcom.de, die mit etwa 2.500 täglichen Besuchern eine enorme Reichweite vorweisen kann, sowie Selbsteinschätzungen in Form von Tests. Es werden aber auch strukturierte Programme zur Verhaltensänderung vorgehalten, die entweder vollautomatisiert ablaufen oder aber eine E-Mail- und/oder Chat-Beratung beinhalten. Es gibt spezifische Programme, um den Tabakkonsum zu beenden (www.rauch-frei.info), den Alkoholkonsum zu reduzieren (http://www.drugcom.de/?id=change yourdrinking) und zur Prävention von Cannabiskonsum (http://www.quit-the-shit.net). Die Angebote greifen teilweise ineinander, z. B. erhalten Konsumentinnen und Konsumenten von Cannabis auf Basis ihrer Selbstauskünfte (»Cannabis Check«) bei entsprechender Risikoindikation eine Empfehlung, am *Quit the shit*-Programm teilzunehmen (dieser Test wird ca. 80 Mal pro Tag genutzt).

Dass diese Programme effektiv sind, konnte in verschiedenen Studien gezeigt werden. So führte die Teilnahme an *Quit the shit* zu einer substanziellen Reduzierung der Menge (d = 0.74) und der Häufigkeit (d = 0.98) des konsumierten Cannabis nach drei Monaten (Tossmann et al. 2011). Dabei macht es offenbar keinen Unterschied, ob das Programm in einer vollautomatisierten Kurzform genutzt wird oder in einer längeren Variante mit integrierter Chat-Beratung (Jonas et al. 2018).

Auch das vollautomatische Kurzzeitprogramm zur Reduzierung riskanten Alkoholkonsums *Change your drinking* wurde im Rahmen einer randomisierten Studie überprüft. Das Programm wendet einen kognitiv-behavioralen Ansatz an; wesentliche Elemente sind ein Konsumtagebuch, die »Umrechnung« typischer alkoholischer Getränke in Standardgläser mit kurzen Feedbacks zum Konsum sowie die Vermittlung von Strategien zum Erkennen und Meistern von Risikosituationen. Die Teilnahme am Programm (im Rahmen der Studie konnte das Programm über zwei Wochen mehrfach genutzt werden) führte zu einer Reduktion des Alkoholkonsums um durchschnittlich etwa 13 Standardgetränke und einem reduzierten Rauschtrinken im 3-Monats-Follow-up (Tensil et al. 2013).

Eine signifikante Reduktion des Alkoholkonsums (d = 0.26) bei riskant konsumierenden Jugendlichen konnte im Rahmen der WISEteens-Intervention (**W**eb-based **I**ntervention for **S**ubstanc**E** using **teens**), die in einer europäischen Initiative auch in Deutschland getestet wurde, nachgewiesen werden (Arnaud et al. im Druck). (Das Angebot wird derzeit nicht bereitgestellt.) Diese Plattform bietet gleichzeitig Prävention und Intervention bei riskantem Konsum psychotroper Substanzen und setzt elektronisch die typischen Elemente einer motivierenden Kurzintervention um: ein individualisiertes Feedback zu Trinkgewohnheiten, Wirkerwartungen und Strategien für einen risikoarmen Alkoholkonsum und den Ausstieg aus dem Konsum illegaler Substanzen. Allerdings wird die Generalisierbarkeit der Studienergebnisse ähnlich wie bei den Evaluationen der BZgA-Programme durch einen hohen Drop-out limitiert (d.h., über die Hälfte der Studienteilnehmenden beendete die Teilnahme an der Studie vorzeitig).

8.4.4 Andere Handlungsfelder

Ein Beispiel für indizierte Alkoholprävention bei Kindern und Jugendlichen ist der reaktive Teil von HaLT – *Hart am LimiT* (www.halt.de), das mit derzeit über 160 Standorten zu den am weitesten verbreiteten nationalen Präventionsprogrammen überhaupt zählt. Es verfolgt den Ansatz, Jugendlichen, die aufgrund einer akuten Alkoholintoxikation im Notfallsetting versorgt werden, und deren Eltern noch im Krankenhaus eine motivierende Kurzintervention anzubieten. HaLT ist bisher aber nicht ausreichend evaluiert und wird an den verschiedenen Standorten sehr uneinheitlich umgesetzt, was die existierenden Evaluationen in ihrer Übertragbarkeit deutlich begrenzt. Zu dem Programm liegt eine randomisiert-kontrollierte Studie aus Hamburg vor. Die Ergebnisse von 316 Kindern und Jugendlichen unter 18 Jahren zeigen jedoch, dass sowohl die Teilnehmer/-innen in der Interventionsgruppe als auch der Kontrollgruppe Alkoholkonsum und alkoholbezogene Probleme in den 6 Monaten nach der Alkoholintoxikation verringerten (Arnaud et al. 2017).

Auf Ebene der Gemeinde wurde im deutschen Sprachraum das ursprünglich in den USA entwickelte Programm *Communities that Care* (CTC) adaptiert und auf seine Übertragbarkeit auf Deutschland überprüft (Zielentwicklung und Zielerreichung der einzelnen Vorhaben, siehe Abels et al. 2012). CTC kann dabei als Steuerungsprogramm zu den Themen Projektmanagement, Netzwerkentwicklung und Sozialraumorientierung vor Ort gesehen werden, das der lokalen Praxis einen systematischen und strukturierten Überblick über die vorhandenen Ressourcen im Gebiet und konkrete Handlungsanweisungen für eine evidenzbasierte Vorgehensweise zur Verfügung stellt. Mit der Grünen Liste Prävention (http://www.gruene-liste-praevention.de) wurde im Projekt eine praxistaugliche Datenbank empfohlener Präventionsprogramme zur Professionalisierung der Sozialen Arbeit und der Suchtprävention entwickelt.

8.5 Kosteneffektivität von Präventionsmaßnahmen

Im Rahmen des ASSIST-Programms (*A Stop Smoking in Schools Trial*; Campbell et al. 2008) führten Hollingworth und Kollegen (2012) eine prospektive, begleitende Kosteneffektivitätsanalyse durch. Sie errechneten zunächst die durchschnittlichen Kosten von £ 32 pro an der Intervention teilnehmendem Schüler (£ 5.662 pro Schule) für den zeitlichen Aufwand, Materialien, Ausbildung und Transport der an der Durchführung beteiligten Personen und berechneten dann die inkrementelle Kosten-Effektivitäts-Relation (»incremental cost-effectiveness-ratio«), indem sie die durchschnittlichen Kosten der Intervention durch die Effektstärke des Peer-Programms teilten. Die Reduzierung der Tabakprävalenz zwischen Interventions- und Kontrollgruppe betrug 2,1 % nach 24 Monaten, woraus sich inkrementelle Kosten (also tatsächlich entstehende Kosten pro Schüler, der durch die Teilnahme am Programm innerhalb von 24 Monaten nicht mit dem Rauchen beginnt) in Höhe von £ 1.500 errechnen ließen. Die Autoren räumen zwar kritisch ein, dass durch den Beobachtungszeitraum von 24 Monaten nicht auf eine lebenslange Tabakabstinenz geschlossen werden kann und die Annahmen daher generell unter erheblicher Unsicherheit getroffen werden, schätzen die gesellschaftliche Kostenersparnis aber dennoch als bedeutsam ein, da durch den Aufschub des Einstiegs bereits das Risiko für abhängiges Rauchen gesenkt und dadurch erhebliche gesellschaftliche Kosten gespart werden können.

Kosteneffektivitätsanalysen zu dem Programm *be smart don't start* (► Kap. 8.4.2) stützen die Annahme, dass schulbasierte Tabakprävention kosteneffektiv ist. Hoeflmeyer und Hanewinkel (2008) errechneten eine durch die Maßnahme herbeigeführte Kostenersparnis für die Gesellschaft (direkte und indirekte Kosten) von ca. € 15 Mio. pro Jahr, wenn ca. 4 % der Grundgesamtheit (Schüler der Klassenstufe 8) erreicht werden.

Studien zum US-amerikanischen Präventionsprogramm SFP 10–14 (▶ Kap. 8.3.2, ▶ Kap. 8.4.1) zeigen, dass auch die familienbasierte Prävention von Alkoholkonsumstörungen kosteneffektiv sein kann, wenn sie auch eher selten durchgeführt wird. So kommen Spoth und Kollegen (2002) in ihren Berechnungen zu dem Schluss, dass durch jeden für das Programm eingesetzten US-Dollar ca. $ 10 für zukünftige Behandlung bzw. Beratung gespart werden können und der Nutzen der Teilnahme pro Familie im Durchschnitt bei ca. $ 6.000 liegt. Haggerty und Kollegen (2013) kommen unter Zunahme zusätzlicher Informationen zur Implementierung und der Kosteneffektivität ebenfalls zu dem Schluss, dass familienbasierte Programme der Suchtprävention kosteneffektiv sind. Allerdings liegt ihnen zufolge die Ersparnis pro investiertem Dollar etwa im Fall von SFP 10–14 deutlich unter den zuvor errechneten Werten.

Zur Kosteneffektivität insbesondere für alkoholbezogene eHealth-Maßnahmen liegen vereinzelte Analysen vor. Die Befunde sind aufgrund der Vielzahl und Heterogenität der verwendeten kovariierenden Parameter (z. B. Lebensqualität) zwar nicht ganz eindeutig. Dennoch zeigen die meisten Studien rein ökonomisch einen Vorteil technologiebasierter Ansätze gegenüber Vergleichsangeboten (Dost et al. 2016; Smit et al. 2013). Der ökonomische Vorteil scheint mit der Intensität der Maßnahme zu steigen und ist für die Behandlung von alkoholbezogenen Störungen besonders deutlich (Blankers et al. 2012).

9

Ausblick

Wie wir dargestellt haben, ist das Jugendalter eine kritische Lebensphase für die Entwicklung von substanzbedingten Erkrankungen, die meist einen lebensgeschichtlich frühen Störungsbeginn haben und im Kindes- und Jugendalter – trotz insgesamt sinkender Konsumprävalenzen – zu den weit verbreiteten psychischen Störungen zählen. Allerdings fehlen derzeit epidemiologische Studien zur Diagnosehäufigkeit von Suchtstörungen im Kindes- und Jugendalter, obwohl sie dringend benötigt werden. Substanzbedingte Erkrankungen stellen aufgrund der normativen Häufigkeit riskanten Substanzkonsums im Jugendalter ein erhebliches Entwicklungsrisiko dar; sie sind mit hohen persönlichen und gesellschaftlichen Belastungen und enormen Versorgungsanforderungen verbunden. Ihre Behandlung ist integraler Bestandteil der Kinder- und Jugendpsychiatrie und -psychotherapie. Für die Suchthilfe bei jungen Menschen besonders relevant ist Cannabis, die weltweit und insbesondere bei jungen Menschen am weitesten verbreitete illegale Substanz.

Suchtstörungen sind durch komplexe multifaktorielle Risikokonstellationen verursacht. Zahlreiche individuelle (z. B. biologisch-psychologische) und umgebungsbezogene Bedingungen sind im Zusammenhang mit der Entwicklung und Aufrechterhaltung missbräuchlicher Konsummuster bekannt, die sich bei entsprechend vulnerablen und häufig durch psychische Komorbidität beeinträchtigten Personen im Entwicklungsverlauf zu einer chronischen psychischen Störung mit hohem Rückfallpotenzial entwickeln können.

Die möglichst frühzeitige Vorbeugung von substanzbedingten Störungen durch Früherkennung und präventive Interventionen wird aufgrund der hohen Krankheitslast zunehmend als ein bedeutsames gesundheitspolitisches Ziel aufgefasst. Wissenschaftliche Fortschritte im Verständnis der Entstehung von Suchtstörungen haben zu einer Stärkung evidenzbasierter verhaltensbezogener Maßnahmen geführt. Die Effekte sind statistisch nachweisbar, aber wie wir ausführlich beschrieben haben, überwiegend vergleichsweise gering (► Kap. 8). Notwendig sind wirkungsvolle, an neuen Erkenntnissen orientierte und an den jeweiligen (frühen) Entwicklungsstufen ansetzende Interventionen in der Prävention, Frühintervention und Behandlung von Suchtstörungen und ihrer entwicklungspsychopathologischen Begleitstörungen, insbesondere in besonders vulnerablen Populationen. Neuere Forschung zeigt, dass neurobehavioral vermittelte personale Merkmale wie Impulsivität sowie die Fähigkeit zur (Selbst-)Regulation von Stress und belohnungsassoziierten Reizen eine zentrale Rolle für die Entwicklung und Aufrechterhaltung von Suchtstörungen, aber auch für die Ansprechbarkeit durch Interventionen spielen (► Kap. 5). Achtsamkeitsbasierte Interventionen weisen eine überzeugende konzeptuelle Kompatibilität mit neurobehavioralen Modellen von

Suchtstörungen und ihren komorbiden psychischen Störungen auf. Eine zunehmende Evidenz weist zudem darauf hin, dass Achtsamkeit die Fähigkeit zur Regulation von Emotionen und impulsiven Verhaltensweisen stärkt und die Prävention und Behandlung von Suchtstörungen durch achtsamkeitsbasierte Verfahren verbessert werden können. Die meisten Studien in diesem Bereich wurden bisher jedoch mit Erwachsenen durchgeführt und es fehlt derzeit noch an Wissen und evidenzbasierten Ansätzen für junge Menschen. In einem von den Autoren koordinierten Forschungsverbund soll nun ein erweitertes Verständnis der entwicklungspsychopathologischen (insbesondere der neurobehavioralen) Mechanismen und Prozesse von Suchtstörungen geschaffen und in entwicklungsangemessene achtsamkeitsbasierte Präventions- und Behandlungsmaßnahmen für verschiedene Populationen (z. B. Kinder aus suchtbelasteten Familien, stationäre Patienten in kinder- und jugendpsychiatrischer Suchtbehandlung, schwangere Frauen) überführt und erprobt werden (mehr Information unter www.imac-mind.de).

Trotz der aufwändigen und (kosten-)intensiven stationären Behandlung von Suchtkranken sind die Erfolge im Bereich der klinischen Interventionsforschung eher ernüchternd. Für die Behandlung von süchtigen Kindern und Jugendlichen muss selbst bei sehr intensiven und strukturierten psychotherapeutischen und kombinierten pharmakologischen und psychotherapeutischen Maßnahmen von einer hohen Rückfallwahrscheinlichkeit ausgegangen werden. Die hohen Rückfallquoten werden teilweise darauf zurückgeführt, dass die gegenwärtigen therapeutischen Verfahren auf bewusste und kontrollierbare Aspekte des Verhaltens (z. B. Einsicht, Wissen, Änderungsbereitschaft, Selbstmanagement) begrenzt sind und für abhängiges Verhalten relevante automatische bzw. der bewussten Kontrolle nicht zugängliche (implizite) Informationsverarbeitungs-, Lern- und Steuerungsprozesse (z. B. Aufmerksamkeit, Interpretation und erlernte Verhaltenstendenzen) und insgesamt der Eingang wichtiger Erkenntnisfortschritte der neuro- und kognitionswissenschaftlichen Grundlagenforschung in die Versorgung vernachlässigt werden.

Ausgehend von diesen Annahmen wurde in jüngster Zeit ein (die Behandlung ergänzendes) computerbasiertes neurokognitives Trainingsprogramm zur Behandlung von Abhängigkeitserkrankungen entwickelt, mit dem implizite Annäherungstendenzen bezüglich suchtbezogener Reize modifiziert werden sollen. Mit diesem sogenannten *Approach-Avoidance-Task-Training* (AATT; Avoidance bzw. Vermeidungstendenzen spielen eine Rolle z. B. bei Angsterkrankungen) gelang es in mehreren randomisiert-kontrollierten Studien (auch unter naturalistischen Feldbedingungen), die Wirksamkeit stationärer (Alkohol-)Entwöhnungsbehandlung signifikant zu steigern und die Abstinenzraten langfristig zu erhöhen. Das (Alkohol-)AATT wurde in Folge als einziges nicht aus den USA stammendes Psychotherapieverfahren in die aktuelle S3-Leitlinie zu alkoholbezogenen Störungen aufgenommen (Mann et al. 2016). Allerdings sind die Befunde bislang auf die Alkoholentwöhnung bei Erwachsenen beschränkt. Obwohl Studien zeigen, dass suchtmittelabhängige Personen eine erhöhte Tendenz zur automatischen Annäherung an suchtmittelassoziierte Reize aufweisen und Evidenz für eine grundsätzliche Übertragbarkeit dieser Phänomene auf Cannabis vorliegt, wurde die Übertragbarkeit auf jugendliche Patienten bislang nicht untersucht.

Neben der Weiterentwicklung inhaltlich-konzeptioneller Methoden der Suchtbehandlung und -prävention sind auch Verbesserungen in den strukturellen Bedingungen des Versorgungssystems und Fortschritte in der Verringerung vorhandener Versorgungslücken für Jugendliche notwendig. Dies betrifft die verschiedenen Behandlungssettings, etwa im Bereich der qualifizierten Entzugsbehandlung (in Kliniken für Kinder- und Jugendpsychiatrie und -psychotherapie mit auf substanzbedingte Erkrankungen spezialisiertem Setting), die häufig gleichzeitig und anschließend notwendige stationäre kinder- und jugendpsychiatrische Behandlung komorbider psychischer Störungen und die Schnittstelle mit weiterführenden medizinischen Rehabilitationsbehandlungen (Langzeittherapie in medizinischen oder gemischt medizinisch-jugendhilflichen Einrichtungen).

Die medizinische Rehabilitation stellt eine in vielen Fällen dringend benötigte Erweiterung des Behandlungsangebots dar; ein solches Angebot für suchtkranke Jugendliche fehlt in vielen Regionen jedoch vollständig. Im gesamten Verlauf der Behandlung müssen kinder- und jugendtypische Besonderheiten berücksichtigt werden: Entwicklungsstand, psychiatrische Komorbidität, delinquente Verhaltensweisen, motivationale Aspekte, Elterneinbezug, schulische sowie pädagogische Entwicklungsanforderungen etc. In auszubauenden bzw. zu schaffenden kinder- und jugendspezifischen Angeboten der medizinischen Rehabilitation sollte eine fachliche Förderung von Bildungs- und Ausbildungschancen stattfinden und eine längerfristige Perspektive der künftigen Lebensgestaltung im Alltag geschaffen werden, ggf. auch als weitergehende Hilfen in Kooperation mit Einrichtungen der Jugendhilfe. Insgesamt besteht hier ein politischer Handlungsbedarf für die Erweiterung des Behandlungsangebots für suchtkranke Jugendliche (vgl. Holtmann et al. 2018).

Im Hinblick auf die längerfristige Versorgung von Adoleszenten mit substanzbezogenen Störungen unter einer lebenszeitlichen Perspektive ist die Schnittstelle zwischen Kinder- und Jugendpsychiatrie, Erwachsenenpsychiatrie und Psychotherapie mit der somatischen und psychosomatischen Medizin und der Suchthilfe relevant, da es sich bei den Suchterkrankungen häufig um zur Chronifizierung neigende und langjährig andauernde Krankheitsprozesse mit einer hohen Transmissionsrate handelt. Damit sich junge Erwachsene, die bereits im Jugendalter kinder- und jugendpsychiatrisch und -psychotherapeutisch aufgrund von Suchtgefährdung oder Suchterkrankung behandelt wurden, in den Strukturen des Hilfesystems für Erwachsene auskennen und Hilfestellung erhalten können, ist eine Begleitung der Transition unter Einbeziehung kinder- und jugend- sowie erwachsenenpsychiatrischer Kompetenz notwendig. Das psychosoziale Hilfe- und Betreuungsnetz für Erwachsene weist erhebliche Unterschiede auf, sowohl im rechtlichen Bereich als auch in den Versorgungsstrukturen. Erwachsene Patienten nehmen Hilfen eigeninitiativ und selbstständig in Anspruch. Ihre rechtlichen Ansprüche in Krankenversorgung, Rehabilitation und Wiedereingliederung ändern sich. In der Transition vom Jugend- zum Erwachsenenalter sollte der Kontakt zu Suchtberatern und Sozialarbeitern rechtzeitig gebahnt werden. Behandlungsdokumentationen über den bisherigen Verlauf sowie Bewertungen weiteren Hilfebedarfs sollten mit dem Betroffenen besprochen und Informationen sollten mit seinem Einverständnis an Weiterbehandelnde weitergereicht werden.

Literatur

AACAP (2005) Official Action: Practice parameter for the assessment and treatment of children and adolescents with substance use disorder. J Am Acad Child Adolesc Psychiatry 44:609–621.

Abels S, Schubert H, Spieckermann H, Veil K (2012) Sozialräumliche Prävention in Netzwerken (SPIN): Implementierung des Programms »Communities That Care (CTC)« in Niedersachsen. Vierter Evaluationsbericht für die Phasen 4 bis 5. Köln: SRM-Arbeitspapier 46.

Ali S, Mouton CP, Jabeen S, Ofoemezie EK, Bailey RK, Shahid M, Zeng Q (2011) Early detection of illicit drug use in teenagers. Innov Clin Neurosci 8:24–8.

Arnaud N, Sack PM, Thomasius R (im Druck) Zum aktuellen Stand der familienbasierten Prävention und Therapie bei substanzbezogenen Störungen im Kindes- und Jugendalter: Ein Überblick. Prax Kinderpsychol K.

Arnaud N, Thomasius R (2017) Methamphetamin: Epidemiologie, klinische Bedeutung und Folgen des Gebrauchs. NERVENARZT 88:1079–1090.

Arnaud N, Diestelkamp S, Wartberg L, Sack PM, Daubmann A, Thomasius R (2017) Short- to midterm effectiveness of a brief motivational intervention to reduce alcohol use and related problems for alcohol intoxicated children and adolescents in pediatric emergency departments: a randomized controlled trial. ACAD EMERG MED 24:186–200.

Arnaud N, Baldus C, Elgán TH, Tønnesen H, De Paepe N, Csémy L, Thomasius R (2016) Effectiveness of a web-based screening and fully automated brief motivational intervention for adolescent substance use: a randomized controlled trial. J Med Internet Res 18:e103.

Arnaud N (2015) Transfer und Implementation evidenzbasierter Ansätze. In: Hoff T, Klein M (Hrsg.) Evidenzbasierung in der Suchtprävention. Berlin: Springer. S. 139–156.

Arnett JJ (2004) Emerging adulthood: the winding road from the late teens through the early twenties. Oxford University Press.

Babor T (2010) Alcohol: no ordinary commodity: research and public policy. 2. Aufl. Oxford Medical Publications: University Press.

Bandura A (1986) Social foundations of thought and action: a social-cognitive theory. Englewood Cliffs, NJ: Prentice Hall.

Baldus C, Thomsen M, Sack PM, Arnaud N, Daubmann A, Thomasius R (2016) Evaluation of a german version of the Strengthening Families Programme 10–14. Eur J Public Health 26:953–59.

Barak A, Hen L, Boniel-Nissim M, Shapira N (2008) A comprehensive review and a metaanalysis of the effectiveness of internet-based psychotherapeutic interventions. J Technol Human Serv 26:109–60.

Barton AW, Brody GH, Zapolski TCB, Goings TC, Kogan SM, Windle M, Yu T (2018) Trajectory classes of cannabis use and heavy drinking among rural African American adolescents: multi-level predictors of class membership. Addiction 113:1439-1449

Baving L, Bilke O (2007) Psychische und Verhaltensstörungen durch psychotrope Substanzen. In: Deutsche Gesellschaft für Kinder- und Jugendpsychiatrie und Psychotherapie, Bundesarbeitsgemeinschaft Leitender Klinikärzte, Berufsverband der Ärzte für Kinder- und Jugendpsychiatrie und Psychotherapie (Hrsg.) Leitlinien zur Diagnostik und Therapie von psychischen Störungen im Säuglings-, Kindes- und Jugendalter. Köln: Deutscher Ärzte-Verlag. S. 13–33.

Blanz B, Remschmidt H, Schmidt M, Warnke A (2006) Psychische Störungen im Kindes- und Jugendalter. Stuttgart: Schattauer.

Blankers M, Nabitz U, Smit F, Koeter MW, Schippers GM (2012) Economic evaluation of internet-based interventions for harmful alcohol use alongside a pragmatic randomized controlled trial. J Med Internet Res 14:e134.

Bridgett DJ, Burt NM, Edwards ES, Deater-Deckard K (2015) Intergenerational transmission of self-regulation: a multidisciplinary review and integrative conceptual framework. Psychol Bull 141:602–54.

Bröning S, Sack PM, Haevelmann A, Wartberg L, Moesgen D, Klein M, Thomasius R (im Druck) A new preventive intervention for children of substance-abusing parents: Results of a randomized controlled trial. Child & Family Social Work.

Bröning S, Baldus C, Thomsen M, Sack PM, Arnaud N, Thomasius R (2017) Children with elevated psychosocial risk load benefit most from a family-based preventive intervention: exploratory differential analyses from the german »Strengthening Families Program 10–14« adaptation trial. Prev Sci 18:932–42.

Bröning S, Kumpfer K, Kruse K, Sack PM, Schaunig-Busch I, Ruths S, Moesgen D, Pflug E, Klein M, Thomasius R (2012) Selective prevention programs for children from substance affected families: a comprehensive systematic review. Subst Abuse Treat prev policy 7:23.

Bröning S, Wiedow A, Wartberg L, Ruths S, Haevelmann A, Kindermann S, Moesgen D, Schaunig-Busch I, Klein M, Thomasius R (2012) Targeting children of substance-using parents with the community-based group intervention TRAMPOLINE: a randomised controlled trial–design, evaluation, recruitment issues. BMC Public Health 12:223.

Bühler A, Thrul J (2013) Expertise zur Suchtprävention – Aktualisierte und erweiterte Neuauflage der »Expertise zur Prävention des Substanzmissbrauchs«. Köln: BZgA..

Bühler A (2016) Meta-Analyse zur Wirksamkeit deutscher suchtpräventiver Lebenskompetenzprogramme. Kindh Entwickl 25:175–88.

Bush K, Kivlahan DR, McDonell MB, Fihn SD, Bradley KA (1998) The AUDIT alcohol consumption questions (AUDIT-C): an effective brief screening test for problem drinking. Arch Intern Med 158:1789–95.

Campbell R, Starkey F, Holliday J, Audrey S, Bloor M, Parry-Landon N, Hughes R, Moore L (2008) An informal schoolbased peer-led intervention for smoking prevention in adolescence (ASSIST): a cluster randomised trial. Lancet 371:1595–602.

Carson KV, Brinn MP, Labiszewski NA, Esterman AJ, Smith BJ (2011) Community interventions for preventing smoking in young people. Cochrane Database for Systematic Reviews 7.

Castellanos-Ryan N, Struve M, Whelan R, Banaschewski T, Barker GJ, Bokde AL, Bromberg U, Büchel C, Flor H, Fauth-Bühler M, Frouin V, Gallinat J, Gowland P, Heinz A, Lawrence C, Martinot JL, Nees F, Paus T, Pausova Z, Rietschel M, Robbins TW, Smolka MN, Schumann G, Garavan H, Conrod PJ (2014) Neural and cognitive correlates of the common and specific variance across externalizing problems in young adolescence. Am J Psychiatry 171:1310–19.

Champion HLO, Foley KL, DuRant RH (2004) Adolescent sexual victimization, use of alcohol and other substances, and other health risk behaviors. J Adolesc Health 35:321–28.

Charil A, Laplante DP, Vaillancourt C, King S (2013) Prenatal stress and brain development. Brain Res Rev 65:56–79.

Chassin L, Sher KJ, Hussong A, Curran P (2013) The developmental psychopathology of alcohol use and alcohol disorders: research achievements and future directions. Devel Psychopathol 25:1567–84.

Chung T, Martin CS (2001) Classification and course of alcohol problems among adolescents in addictions treatment programs. Alcohol Clin Exp Res 25:1734-42.

Cicchetti D, Rogosch FA (2002) A developmental psychopathology perspective on adolescence. J Cons Clin Psychol 70:6–20.

Conrod PJ, Stewart SH, Comeau N, Maclean AM (2006) Preventative efficacy of cognitive behavioral strategies matched to the motivational bases of alcohol misuse in at-risk youth. J Clin Child Adolesc Psychol; 35:550–63.

Conrod PJ, Stewart SH, Pihl RO, Cote S, Fontaine V, Dongier M (2000) Efficacy of brief coping skills interventions that match different personality profiles of female substance abusers. Psychol Addict Behav 14:231–42.

Conrod PJ, Castellanos-Ryan N, Mackie C (2011) Long-term effects of a personality-targeted intervention to reduce alcohol use in adolescents. J Consult Clin Psychol 79:296–06.

Conrod PJ, Castellanos N, Mackie C (2008) Personality-targeted interventions delay the growth of adolescent drinking and binge drinking. J Child Psychol Psychiatry 49:181–90.

Conrod PJ, Castellanos-Ryan N, Strang J (2010) Brief personality-targeted coping skills intervention and survival as a non-drug user over a 2-year period during adolescence. Arch Gen Psychiatry 67:85–93.

Conway KP, Swendsen J, Husky MM, He JP, Merikangas KR (2016) Association of Lifetime Mental Disorders and Subsequent Alcohol and Illicit Drug Use: Results from the National Comorbidity Survey-Adolescent Supplement. J Am Acad Child Adolesc Psychiatry 55:280-8.

Crews F, He J, Hodge C (2007) Adolescent cortical development: a critical period of vulnerability for addiction. Pharmacol Biochem Behav. 86:189–99.

Dauber H, Specht S, J Künzel, B Braun (2016) Suchthilfe in Deutschland 2015. Jahresbericht der Deutschen Suchthilfestatistik (DSHS). München: IFT Institut für Therapieforschung.

Davidson LL, Grigorenko EL, Boivin MJ, Rapa E, Stein A (2015) A focus on adolescence to reduce neurological, mental health and substance-use disability. Nature 527:161–66.

Dedert EA, McDuffie JR, Stein R, McNiel JM, Kosinski AS, Freiermuth CE, Hemminger A, Williams JW Jr (2015) Electronic interventions for alcohol misuse and alcohol use disorders: a systematic review. Ann Intern Med 163:205–14.

Diestelkamp S, Arnaud N, Thomasius R (2014) Alkohol im Kindes- und Jugendalter: Epidemiologie, Früherkennung und Behandlung schädlicher Konsummuster. Pädiatrie up2date 09:15–37.

Diestelkamp S, Kriston L, Arnaud N, Wartberg L, Sack PM, Härter M, Thomasius R (2015) Drinking patterns of alcohol intoxicated adolescents in the emergency department: a latent class analysis. Addictive Behaviors 50:51–59.

Diestelkamp S, Thomasius R (2017) Riskanter Alkoholkonsum bei Jugendlichen: Manual zur Durchführung einer motivierenden Kurzintervention. Berlin: Springer.

Dilling H, Mombour W, Schmidt MH (2014) Internationale Klassifikation psychischer Störungen, ICD-10 Kapitel V (F): Klinisch-diagnostische Leitlinien. Bern: Huber.

Drost RM, Paulus AT, Jander AF, Mercken L, de Vries H, Ruwaard D, Evers SM (2016) A web-based computer-tailored alcohol prevention program for adolescents: cost-effectiveness and intersectoral costs and benefits. J Med Internet Res 18:e93.

Durlak JA, Weissberg RP, Dymnicki AB, Taylor RD, Schellinger KB (2011) The impact of enhancing students' social and emotional learning: a meta-analysis of school-based universal interventions. Child Dev 82:405–32.

Edwards G, Arif A, Hodgson R (1981) Nomenclature and classification of drug- and alcohol-related problems: A WHO-Memorandum. Bull World Health Organ 59:225–42.

EMCDDA (2017) Statistical Bulletin. (http://www.emcdda.europa.eu/data/stats2017_en, Zugriff am 08.02.2019).

Fagan A, Hawkins JD, Catalano R (2011) Engaging communities to prevent underage drinking. Alcohol Res Health 34:16–74.

Faggiano F, Vigna-Taglianti F, Burkhart G, Bohrn K, Cuomo L, Gregori D, Panella M, Scatigna M, Siliquini R, Varona L, van der Kreeft P, Vassara M, Wiborg G, Galanti MR (2010) The effectiveness of a school-based substance abuse prevention program: 18-month follow-up of the EU-Dap cluster randomized controlled trial. Drug Alcohol Depend 108:56–64.

Fairlie AM, Wood MD, Laird, RD (2012) Prospective protective effects of parents on peer influences and college alcohol involvement. Psychol Addict Behav 26:30–41.

Fenton MC, Keyes K, Geier T, Greenstein E, Skodol A, Krueger B, Grant BF, Hasin DS (2012) Psychiatric comorbidity and the persistence of drug use disorders in the United States. Addiction 107:599–09.

Fishbein DH, Ridenour TA (2013) Advancing transdisciplinary translation for prevention of high-risk behaviours: introduction to the special issue. Prev Sci 14:201–04.

Fishman HC, Andes F, Knowlton R (2001) Enhancing family therapy: the addition of a community resource specialist. J Marital Fam Ther 27:111–16.

Fletcher A, Bonell C, Hargreaves J (2008) School effects on young people's drug use: a systematic review of intervention and observational studies. J Adolesc Health 42:209–20.

Foxcroft DR, Tsertsvadze A (2011) Universal family-based prevention programs for alcohol misuse in young people. Cochrane Database Syst 9: CD009308.

Frieling H (2017) Epigenetische Prozesse bei Suchtentwicklung. Drug Res 67: S18.

Gardner M, Steinberg L (2005) Peer influence on risk taking, risk preference, and risky decision making in adolescence and adulthood: an experimental study. Dev Psychol 41:625–35.

Gates S, McCambridge J, Smith LA, Foxcroft D (2006) Interventions for prevention of drug use by young people delivered in non-school settings. Cochrane Database Syst 1:CD005030.

GBD 2016 Alcohol Collaborators (2018) Alcohol use and burden for 195 countries and territories, 1990–2016: a systematic analysis for the Global Burden of Disease Study 2016. Lancet 22:1015–35.

Gillespie NA, Aggen SH, Neale MC, Knudsen GP, Krueger RF, South SC, Czajkowski N, Nesvåg R, Ystrom E, Kendler KS, Reichborn-Kjennerud T (2018) Associations between personality disorders and cannabis use and cannabis use disorder: a population-based twin study. Addiction 113:1488–98.

Goldstein RZ, Volkow ND (2011) Dysfunction of the prefrontal cortex in addiction: neuroimaging findings and clinical implications. Nat Rev Neurosci 12:652–69.

Gore FM, Bloem PJ, Patton GC (2011) Global Burden of Disease in young people aged 10-24 years: a systematic analysis. Lancet 377:2093–102.

Gordon R (1983) An operational classification of disease prevention. Public Health Rep 98:107–09.

Grant BF, Goldstein RB, Saha TD, Chou SP, Jung J, Zhang H, Pickering RP, Ruan WJ, Smith SM, Huang B, Hasin DS (2015) Epidemiology of DSM-5 alcohol use disorder: results from the national epidemiologic survey on alcohol and related conditions III. JAMA Psychiatry 72:757–66.

Grant BF, Dawson DA, Stinson FS, Chou SP, Dufour MC, Pickering RP (2004) The 12-month prevalence and trends in DSM-IV alcohol abuse and dependence: United States, 1991/1992 and 2001/2002. Drug Alcohol Depend 74:223–34.

Grant BF, Stinson FS, Harford TC (2001) Age at onset of alcohol use and DSM-IV alcohol abuse and dependence: a 12-year follow-up. J Subst Abuse 13:493–04.

Grob A, Jaschinski U (2003) Erwachsen werden. Entwicklungspsychologie des Jugendalters. Weinheim: Beltz PVU.

Habel U, Schneider F (2002) Diagnostik und Symptomatik von Alkoholintoxikation, schädlichem Gebrauch und Alkoholabhängigkeit. In: Schneider F, Frister H (Hrsg.) Alkohol und Schuldfähigkeit. Berlin, Heidelberg: Springer. S. 23–54.

Haber SN, Knutson B (2010) The reward circuit: linking primate anatomy and human imaging. Neuropsychopharmacology 35:4–26.

Haevelmann A, Bröning S, Klein M, Moesgen D, Wartberg L, Thomasius R (2013) Empirische Qualitätssicherung in der Evaluation des Gruppenangebots »Trampolin« für Kinder aus suchtbelasteten Familien. Suchttherapie 14:128–34.

Haggerty KP, McGlynn-Wright A, Klima T (2013) Promising Parenting Programs for reducing adolescent problem behaviors. J Child Serv 8:4.

Hale DR, Fitzgerald-Yau N, Viner RM (2014) A systematic review of effective interventions for reducing multiple health risk behaviors in adolescence. Am J Public Health e19:104.

Haß W, Lang P (2016) Glücksspielverhalten und Glücksspielsucht in Deutschland. Ergebnisse des Surveys 2015 und Trends. Forschungsbericht der BZgA. Köln: Bundeszentrale für gesundheitliche Aufklärung.

Hasin DS, O'Brien CP, Auriacombe M, Borges G, Bucholz K, Budney A, Compton WM, Crowley T, Ling W, Petry NM, Schuckit M, Grant BF (2013) DSM-5 criteria for substance use disorders: recommendations and rationale. Am J Psychiatry 8:834–51.

Hawkins JD, Catalano RF, Miller JY (1992) Risk and protective factors for alcohol and other drug problems in adolescence and early adulthood: Implications for substance abuse prevention. Psychol Bull 112:64–105.

Hayer T, Rumpf HJ, Meyer G (2014) Glücksspielsucht. In: Mann K (Hrsg.) Verhaltenssüchte: Grundlagen, Diagnostik, Therapie, Prävention. Berlin, Heidelberg: Springer. S. 11–31.

Heinrichs N, Kliem S, Hahlweg K (2014) Four-year follow-up of a randomized controlled trial of triple p group for parent and child outcomes. Prev Sci 15:233–45.

Heinz A, Friedel E (2014) DSM-5: wichtige Änderungen im Bereich der Suchterkrankungen. Nervenarzt 85:571–77.

Heinz A (2014) Die Grenzen des Suchtbegriffs. In: Mann K (Hrsg.) Verhaltenssüchte: Grundlagen, Diagnostik, Therapie, Prävention. Berlin, Heidelberg: Springer. S. 198–203.

Heinz AJ, Beck A, Meyer-Lindenberg A, Sterzer P, Heinz A (2011) Cognitive and neurobiological mechanisms of alcohol-related aggression. Nature Review Neuroscience 12:400–13.

Heron J, Barker ED, Joinson C, Lewis G, Hickmann M, Munafo M, Macleod J (2013) Childhood conduct disorder trajectories, prior risk factors and cannabis use at age 16: birth cohort study. Addiction 108:2129–38.

Herpertz-Dahlmann B, Resch F, Schulte-Markwort M, Warnke A (2008) Entwicklungspsychiatrische Grundlagen von Diagnostik, Klassifikation, Therapie und Ethik. In: Herpertz-Dahlmann B, Resch F, Schulte-Markwort M, Warnke A (Hrsg.) Entwicklungspsychiatrie. 2. Aufl. Stuttgart: Schattauer. S. 303–486.

Hibell B, Guttormsen U, Ahlström S, Balakireva O, Bjarnason T, Kokkevi A, Kraus L (2012) The 2011 ESPAD Report. Substance use among students in 36 European countries (http://www.espad.org/content/2011-espad-report-substance-use-among-students-36-european-countries, Zugriff am 08.02.2019).

Hillemacher T (2011) Biological mechanisms in alcohol dependence–new perspectives. Alcohol Alcohol. 2011 May-Jun;46(3):224–30.

Hoch E, Bonnet U, Thomasius R, Ganzer F, Havemann-Reinecke U, Preuss UW (2015) Risks associated with the non-medicinal use of cannabis [Risiken bei nichtmedizinischem Gebrauch von Cannabis]. Dtsch Arztebl 112:271–8.

Hoch E, Noack R, Henker J (2012) Efficacy of a targeted cognitive-behavioral treatment program for cannabis use disorders (CANDIS). Eur Neuropsychopharmacol 22:267–80.

Hoeflmeyer D, Hanewinkel R (2008) Do school-based tobacco prevention programmes pay off? The cost-effectiveness of the ‹Smoke-free Class Competition›. Publ Health 122:34–41.

Hoff T, Klein M, Arnaud N, Bühler A, Hafen M, Kalke J, Lagemann C, Moesgen D, Schulte-Derne F, Wolstein J (2015) Memorandum Evidenzbasierung in der Suchtprävention: Möglichkeiten und Grenzen. In: Hoff T, Klein M (Hrsg.) Evidenzbasierung in der Suchtprävention. Berlin: Springer. S. 9–26.

Höfler M, Lieb R, Perkonnig A, Schuster P, Sonntag H, Wittchen HU (1999) Covariates of cannabis use progression patterns in a representative sample of adolescents: a prospective examination of vulnerability and risk factors. Addiction; 94:1679–94.

Hollingworth W, Cohen D, Hawkins J, Hughes RA, Moore LA, Holliday JC, Audrey S, Starkey F, Campbell R (2012) Reducing smoking in adolescents: cost-effectiveness results from the cluster randomized ASSIST (A Stop Smoking In Schools Trial). Nicotine Tob Res 14(2):161–8.

Holtmann M (2011) The Child Behavior Checklist-Dysregulation Profile predicts substance use, suicidality, and functional impairment: a longitudinal analysis. J Child Psychol Psychiatry 52:139–47.

Holtmann M, Thomasius R, Melchers P, Klein M, Schimansky G, Krtömer T, Reis O (2018) Anforderungen an die stationäre medizinische Rehabilitation für Jugendliche mit substanzbedingten Erkrankungen. Z Kinder Jugendpsychiatr Psychother 46:173–81.

Hwang MS, Yeagley KL, Petosa R (2004) A meta-analysis of adolescent psychosocial smoking prevention programs published between 1978 and 1997 in the United States. Health Educ Behav 31:702–19.

Isensee B, Hanewinkel, R (2012) Meta-Analysis on the Effects of the Smoke-Free Class Competition on Smoking Prevention in Adolescents. Eur Addict Res 18:110–15.

Isensee B, Maruska K, Hanewinkel R (2015) Langzeiteffekte des Präventionsprogramms Klasse2000 auf den Substanzkonsum. Ergebnisse einer kontrollierten Studie an Schülerinnen und Schülern in Hessen. Sucht 61:127–37.

Isensee B, Morgenstern M, Stoolmiller M, Maruska K, Sargent JD, Hanewinkel R (2012) Effects of Smokefree Class Competition 1 year after the end of intervention: a cluster randomized controlled trial. J Epidemiol Community Health 66:334–41.

Jansson LM, Jordan CJ, Velez ML (2018) Perinatal Marijuana Use and the Developing Child. JAMA. Published online. doi:10.1001/jama.2018.8401

Johnston LD, O'Malley PM, Bachman JG (1998) National survey results on drug use from the Monitoring the Future Study 1975-1997. Rockville, MD: US Department of Health and Human Services.

Jonas B, Tensil MD, Tossmann P, Strüber E (2018) Effects of treatment length and chat-based counseling in a web-based intervention for cannabis users: randomized factorial trial. J Med Internet Res 20:e166.

Jordan S, Sack PM (2009) Schutz- und Risikofaktoren. In: Thomasius R, Schulte-Markwort M, Küstner UJ, Riedesser P (Hrsg.) Suchtstörungen im Kindes- und Jugendalter. Das Handbuch: Grundlagen und Praxis. Stuttgart: Schattauer. S. 127–38.

Kalke J, Buth S, Hiller P (2013) Das Projektvorhaben zur Entwicklung von Massnahmen der Glücksspielsucht-Prävention für das schulische Setting. In: Buth S, Kalke J, Reimer J (Hrsg.) Glücksspielsuchtforschung in Deutschland. Freiburg im Breisgau: Lambertus. S. 77–86.

Kandel D, Logan JA (1984) Patterns of drug use from adolescence to early adulthood – Periods of risks for initiation, stabilization, and decline in drug use from adolescence to early adulthood. Am J Public Health 14:660–66.

Kandel D, Chen K (2000) Types of marijuana users by longitudinal course. J Stud Alc Drugs 61:367–78.

Kandel D, Yamaguchi K (1999) Developmental stages of involvement in substance use. In: Ott PJ, Tarter RE, Ammerman R (Hrsg.) Sourcebook on substance use: etiology, epidemiology, assessment, and treatment. Needham Heights, MA: Allyn & Bacon. S. 50–74.

Kaplow JB, Curran PJ, Dodge KA (2002) The Conduct Problems Prevention Research Group. Child, parent, and peer predictors of early-onset substance use: a multisite longitudinal study. J Abnorm Child Psychol 30:199–26.

Kempf C, Llorca PM, Pizon F, Brousse G, Flaudias V (2017) What's new in addiction prevention in young people: a literature review of the last years of research. Front Psychol 8:1131.

Kendler KS, Maes HH, Sundquist K (2015) Genetic and family and community environmental effects on drug abuse in adolescence: a swedish national twin and sibling study. Am J Psychiatry Author manuscript.

Kessler RC, Petukhova M, Sampson NA, Zaslavsky AM, Wittchen HU (2012) Twelve-month and lifetime prevalence and lifetime morbid risk of anxiety and mood disorders in the United States. Int J Methods Psychiatr Res 21:169-84.

Klein M, Moesgen D, Bröning S, Thomasius R (2013) Trampolin: Kinder aus suchtbelasteten Familien entdecken ihre Stärken. Manual. Göttingen: Hogrefe.

Koglin U, Petermann F (2008) Vorläufersyndrome von Suchtstörungen. In: Klein M (Hrsg.) Kinder und Suchtgefahren: Risiken, Prävention, Hilfen. Stuttgart: Schattauer. S. 61–71.

Korczak D, Steinhauser G, Dietl M (2011) Prevention of alcohol misuse among children, youths and young adults. Health Technol Assess 7:04.

Klosterkötter J, Maier W (2015) Konzepte und Strategien präventiver Psychiatrie. In: Klosterkötter J, Maier W (Hrsg.) Handbuch Präventive Psychiatrie: Forschung, Lehre, Versorgung. Stuttgart: Schattauer. S. 3–104.

Kraus L, Piontek D, Seitz NN, Schoeppe M (2016) ESPAD: Die europäische Schülerstudie zu Alkohol und anderen Drogen. (https://www.ift.de/fileadmin/user_upload/Literatur/Berichte/ESPAD_Fact_Sheet_BY_2015.pdf, Zugriff am 08.02.2019).

Kuntsche E, Knibbe R, Gmel G, Engels R (2006) Who drinks and why? A review of socio-demographic, personality, and contextual issues behind the drinking motives in young people. Addict Behav 31:1844–57.

Kwon MS, Vorobyev V, Dagfinn M, Parkkola R, Hämäläinen H (2014) Brain structural correlates of risk-taking behavior and effects of peer influences in adolescents. PLOS One 9:e112780.

Laging M (2005) Assessment und Diagnostik in der sekundären Suchtprävention bei Jugendlichen. Prävention 1:9–12.

Lampert T, Kuntz B (2014) Tabak- und Alkoholkonsum bei 11- bis 17-jährigen Jugendlichen. Ergebnisse der KiGGS-Studie – Erste Folgebefragung

(KiGGS Welle 1). Bundesgesundheitsblatt – Gesundheitsforschung – Gesundheitsschutz 57:7.

Lampert T, Thamm M (2007) Tabak-, Alkohol- und Drogenkonsum von Jugendlichen in Deutschland. Ergebnisse des Kinder- und Jugendgesundheitssurveys (KiGGS). Bundesgesundheitsblatt – Gesundheitsforschung – Gesundheitsschutz 50:600–08.

Latimer WW, Winters KC, D'Zurilla T, Nichols M (2003) Integrated family and cognitive-behavioral therapy for adolescent substance abusers: a stage I efficacy study. Drug Alcohol Depend 71:303–17.

Lehnert H, Kirchner H (2018) Epigenetische Veränderungen bei Krankheiten – eine Auswahl. In: Lehnert H, Kirchner H, Kirmes I, Dahm R (Hrsg.) Epigenetik – Grundlagen und klinische Bedeutung: Aus der Vortragsreihe der Medizinischen Gesellschaft Mainz e. V. Springer-Verlag. S. 16–33.

Leicht H, Fahlenbrach C, Gilfrich C, Jeschke E, Popken G, Stolzenburg JU, Weißbach L, Gerste B, Drogan D, Günster C (2016) Diagnosehäufigkeit und Inanspruchnahme von Gesundheitsleistungen. In: Klauber J, Günster C, Gerste B, Robra BP, Schmacke N (Hrsg.) Versorgungs-Report 2015/ 2016. Schwerpunkt: Kinder und Jugendliche. Stuttgart: Schattauer.

Lerner RM (2002) Concepts and theories of human development. 3. Aufl. Mahwah NJ: Erlbaum.

Leve LD, Harold GT, Ge X, Neiderhiser JM, Shaw D, Scaramella LV (2009) Structured parenting of toddlers at high versus low genetic risk: two pathways to child problems. J Am Acad Child Adolesc Psychiatry 48:1102–9.

Leve LD, Kerr DC, Shaw D, Ge X, Neiderhiser JM, Scaramella LV (2010) Infant pathways to externalizing behavior: evidence of Genotype × Environment interaction. Child Dev 81:340–56.

Levy S, Vaughn BL, Knight JR (2002) Office-based intervention for adolescent substance abuse. Pediatr Clin North Am 49:329–43.

Liddle HA, Dakof GA, Parker K, Diamond GS, Barrett K, Tejeda M (2001) Multidimensional family therapy for adolescent drug abuse: results of a randomized clinical trial. Am J Drug Alcohol Abuse 27:651–88.

Liddle HA, Rowe CL, Dakof GA, Ungaro RA, Henderson C (2004) Early intervention for adolescent substance abuse: pretreatment to posttreatment outcomes of a randomized controlled trial comparing multidimensional family therapy and peer group treatment. J Psychoactive Drugs 36:2–37.

Lieb R, Schuster P, Pfister H, Fuetsch M, Höfler M, Isensee B, Müller N, Sonntag H, Wittchen HU (2000) Epidemiologie des Konsums, Mißbrauchs und der Abhängigkeit von legalen und illegalen Drogen bei Jugendlichen und jungen Erwachsenen: Die prospektiv-longitudinale Verlaufsstudie EDSP. Sucht 46(1):18–31.

Lieb R (2005) Familiäre Risikofaktoren im Vorfeld von Suchterkrankungen. In: Thomasius R, Küstner UJ (Hrsg.) Familie und Sucht, Grundlagen, Therapiepraxis, Prävention. Stuttgart: Schatthauer. S. 3–12.

Lindenmeyer J, Rost S (2008) Lieber schlau als blau – für Jugendliche. Ein Präventionsprogramm für die Schule. Weinheim: Beltz Verlag.

Loxley W, Toumbourou JW, Stockwell T, Haines B, Scott K, Godfrey C, Waters E, Patton G, Fordham R, Gray D, Marshall J, Ryder D, Saggers S, Sanci L, Williams J (2004) The prevention of substance use, risk and harm in Australia: a review of the evidence. Canberra, AU: The National Drug Research Centre and the Centre for Adolescent Health. (http://www.emcda.europa.eu/attachements.cfm/att_93989_EN_The%20prevention%20of%20substance%20abuse,%20risk%20and%20harm%20in%20Australia-a%20review%20of%20the%20evidence-National%20Drug%20Research%20Institute.pdf), Zugriff am 08.02.2019).

Luthar SS, Eisenberg N (2017) Resilient adaptation among at-risk children: harnessing science toward maximizing salutary environments. Child Dev 88:337–49.

MacKillop J, Amlung MT, Few LR, Ray LA, Sweet LH, Munafò MR (2011) Delayed reward discounting and addictive behavior: a meta-analysis. Psychopharmacology 216:305–21.

Mann K, Hoch E ... Batra A (2016) S3-Leitlinie Screening, Diagnose und Behandlung alkoholbezogener Störungen – Behandlung von schädlichem und abhängigem Alkoholgebrauch. In: Mann K, Hoch E, Batra A (Hrsg.) S3-Leitlinie Screening, Diagnose und Behandlung alkoholbezogener Störungen. 1. Aufl. Berlin: Springer. S. 50–64. DOI: 10.1007/978-3-662-47086-2.

Marcus J, Siedler T (2015) Reducing binge drinking? The effect of a ban on late-night off-premise alcohol sales on alcohol-related hospital stays in Germany. J Public Econ 123:55–77.

Marsch LA, Borodovsky JT (2016) Technology-based Interventions for preventing and treating substance use among youth. Child and adolescent psychiatric clinics of North America 25:755–68.

Masten A, Faden VB, Zucker RA, Spear LP (2008) Underage drinking: a developmental framework. Pediatrics 121:235–51.

Masten AS (2001) Ordinary magic. Resilience processes in development. Am Psychol 56:227–38.

McCrory EJ, Mayes L (2015) Understanding addiction as a developmental disorder: an argument for a developmentally informed multilevel approach. Current Addiction Reports 2:326–30.

Merikangas KR, He J, Burstein M (2010) Lifetime prevalence of mental disorders in US adolescents: results from the National Comorbidity Study-Adolescent Supplement (NCS-A). J Am Acad Child Adolesc Psychiatry 49:980–89.

Mercken L, Snijders TAB, Steglich C, Vertiainen E, de Vries H (2010) Smoking-based selection and influence in gender-segregated friendship networks: a social network analysis of adolescent smoking. Addiction 105:1280–9.

Meyer C, Rumpf HJ, Kreuzer A (2011) Pathologisches Glücksspielen und Epidemiologie (PAGE): Entstehung, Komorbidität, Remission und Behandlung Kurzbericht. (http://www.landesfachstelle-gluecksspielsucht-nrw.de/pdf/PAGE_Kurzbericht_2.pdf, Zugriff am 08.02.2019).

Miller WR, Rollnick S (2002) Motivational Interviewing – preparing people for change. New York: The Guilford Press.

Miller WR, Rollnick S (2015) Motivierende Gesprächsführung. Motivational Interviewing. 3. Aufl. Freiburg im Breisgau: Lambertus.

Miovský M, Vonkova H, Čablová L, Gabrhelík R (2015) Cannabis use in children with individualized risk profiles: Predicting the effect of universal prevention intervention. Addict Behav 50:110–6.

Molgaard VK, Spoth RL, Redmond C (2000) Competency training the Strengthening Families Program: for parents and youth 10–14. OJJDP Juvenile Justice Bulletin.

Morris AS, Silk JS, Steinberg L, Myers SS, Robinson LR (2007) The role of the family context in the development of emotion regulation. Soc Dev 16:361–88.

Moffitt TE, Arseneault L, Belsky D, Dickson N, Hancox RJ, Harrington H, Houts R, Poulton R, Roberts BW, Ross S, Sears MR, Thomson WM, Caspi A (2011) A gradient of childhood self-control predicts health, wealth, and public safety. Proc Natl Acad Sci 108:2693–8.

Moffitt TE, Caspi A (2001) Childhood predictors differentiate life-course persistent and adolescence-limited antisocial pathways among males and females. Dev Psychopath ol 13:355–75.

Moffitt TE (1993) Adolescence-limited and life-course-persistent antisocial behavior: a developmental taxonomy. Psychol Rev 100:674–01.

Molina BSG, Pelham Jr WE (2014) Attention-Deficit/Hyperactivity Disorder and risk of Substance Use Disorder: developmental considerations, potential pathways, and opportunities for research. Annu Rev Clin Psychol 10:607–39.

Mößle T, Wölfling K, Rumpf HJ, Rehbein F, Müller KW, Arnaud N, Thomasius R, Wildt BT (2014) Internet- und Computerspielsucht. In: Mann K

(Hrsg.) Verhaltenssüchte: Grundlagen, Diagnostik, Therapie, Prävention. Berlin Heidelberg: Springer. S. 33–58.

Mrazek PJ, Haggerty RJ (1994) Reducing the risk for mental disorders: frontiers for preventive intervention research. Washington, DC: national Academy Press for the Institute of Medicine, Committee on Prevention of Mental Disorders.

Murray DW, Rosenbalm K (2017) Promoting self-regulation in adolescents and young adults: a practice brief. OPRE Report #2015-82. Washington, DC: Office of Planning, Research, and Evaluation, Administration.

Murray E (2012) Web-based interventions for behavior change and self-management: potential, pitfalls, and progress. Med 2.0 1:1–13.

Muthen B, Muthen L (2000) The development of heavy drinking and alcohol related problems from ages 18 to 37 in a U.S. national sample. J Stud Alc 61:290–00.

Naar-King S, Suarez M (2012) Motivierende Gesprächsführung mit Jugendlichen und jungen Erwachsenen. Weinheim: Beltz.

Neeleman J, Farrell M (1997) Suicide and substance misuse. Br J Psychiatry; 171:303–4.

Nees F, Tzschoppe J, Patrick CJ, Vollstädt-Klein S, Steiner S, Poustka L, Banaschewski T, Barker GJ, Büchel C, Conrod PJ, Garavan H, Heinz A, Gallinat J, Lathrop M, Mann K, Artiges E, Paus T, Poline JB, Robbins TW, Rietschel M, Smolka MN, Spanagel R, Struve M, Loth E, Schumann G, Flor H (2012) IMAGEN Consortium. Determinants of early alcohol use in healthy adolescents: the differential contribution of neuroimaging and psychological factors. Neuropsychopharmacology 37:986–95.

Newcomb M, Bentler P (1989) Substance use and abuse among children and teenagers. American Psychologist 44: 242–8.

Onrust SA, Otten R, Lammers J, Smit F (2016) School-based programmes to reduce and prevent substance use in different age groups: what works for whom? Systematic review and meta-regression analysis. Clin Psychol Rev 44:45–59.

Orford J (2013) Addiction subordinates the interests of family members and friends. In: Power, Powerlessness and Addiction. Cambridge: Cambridge University Press. S. 69–97.

O'Rourke L, Humphris G, Baldacchino A (2016) Electronic communication based interventions for hazardous young drinkers: a systematic review. Neurosci Biobehav Rev 68:880–90.

Orth B, Merkel C (2018) Der Cannabiskonsum Jugendlicher und junger Erwachsener in Deutschland. Ergebnisse des Alkoholsurveys 2016 und

Trends. BZgA-Forschungsbericht. Köln: Bundeszentrale für gesundheitliche Aufklärung.
Orth B (2016) Die Drogenaffinität Jugendlicher in der Bundesrepublik Deutschland 2015. Rauchen, Alkoholkonsum und Konsum illegaler Drogen: aktuelle Verbreitung und Trends. BZgA-Forschungsbericht. Köln: Bundeszentrale für gesundheitliche Aufklärung. (https://www.drogenbeauftragte.de/fileadmin/dateien-dba/Drogenbeauftragte/2_Themen/2_Suchtstoffe_und_Abhaengigkeiten/6_Cannabis/Downloads/DAS_2015_Basis-Bericht_fin.pdf, Zugriff am 08.02.2019).
Pabst A, Kraus L, Gomes de Matos E, Piontek D (2013) Substanzkonsum und substanzbezogene Störungen in Deutschland im Jahr 2012. Sucht 59:321–31.
Patton G, Temmerman M (2016) Evidence and Evidence Gaps in Adolescent Health. J Adolesc Health 59:S1–S3.
Perkonigg A, Goodwin RD, Fiedler A, Behrendt S, Beesdo K, Lieb R, Wittchen HU (2008) The natural course of cannabis use, abuse and dependence during the first decades of life. Addiction 103:439–51.
Perkonigg A, Beloch E, Garzynski E, Nelson CB, Pfister H, Wittchen HU (1997) Prävalenz von Drogenmissbrauch und –abhängigkeit bei Jugendlichen und jungen Erwachsenen: Gebrauch, Diagnosen und Auftreten erster Missbrauchs- und Abhängigkeitsmerkmale. Z Klin Psychol Psychother 26:247–57.
Petraitis J, Flay BR, Miller TQ (1995) Reviewing theories of adolescent substance use: Organizing pieces of the puzzle. Psychol Bull 117:67–85.
Petraitis J, Flay BR, Miller TQ (1998) Illicit substance use among adolescents: a matrix of prospective factors. Subst Use Misuse 33:2561–604.
Petras H, Kellam SG, Brown CH, Muthén BO, Ialongo NS, Poduska JM (2008) Developmental epidemiological courses leading to antisocial personality disorder and violent and criminal behavior: effects by young adulthood of a universal preventive intervention in first- and second-grade classrooms. Drug Alcohol Depend 95:45–59.
Petrie J, Bunn F, Byrne G (2007) Parenting programmes for preventing tobacco, alcohol or drug misuse in children < 18: a systematic review. Health Educ Res 22:171–91.
Pfeiffer-Gerschel T, Kipke I, Flöter S, Jakob L (2011) Bericht 2011 des nationalen REITOX Knotenpunktes an die EBDD Deutschland: Drogensituation 2010/2011. München: DBDD.
Pharo H (2011) Risky business: executive function, personality, and reckless behavior during adolescence and emerging adulthood. Behav Neurosci 125:970–8.

Pilowsky DJ, Wu LT (2013) Screening instruments for substance use and brief interventions targeting adolescents in primary care: a literature review. Addict Behav 38:2146–153.

Piontek D, Gomes de Matos E, Atzendorf J, Kraus L (2017) Substanzkonsum und Hinweise auf klinisch relevanten Konsum in Bayern, Hamburg, Hessen, Nordrhein-Westfalen, Sachsen und Thüringen. Ergebnisse des Epidemiologischen Suchtsurvey 2015. IFT-Berichte Bd. 189. München 2017. (https://www.esa-survey.de/fileadmin/user_upload/esa_laenderberichte/Bd_189_ESA_2015.pdf, Zugriff am 08.02.2019).

Piontek D, Gomes de Matos E, Atzendorf J, Kraus L (2016) Kurzbericht Epidemiologischer Suchtsurvey 2015. Tabellenband: Alkoholkonsum, episodisches Rauschtrinken und Hinweise auf klinisch relevanten Alkoholkonsum nach Geschlecht und Alter im Jahr 2015. München: IFT Institut für Therapieforschung.

Piontek D, Gomes de Matos E, Atzendorf J, Kraus L (2016) Kurzbericht Epidemiologischer Suchtsurvey 2015. Tabellenband: Konsum illegaler Drogen, multiple Drogenerfahrung und Hinweise auf klinisch relevanten Drogenkonsum nach Geschlecht und Alter im Jahr 2015. München: IFT Institut für Therapieforschung.

Plener PL, Straub J, Fegert JM, Keller F (2015) Behandlung psychischer Erkrankungen von Kindern in deutschen Krankenhäusern: Analyse der Häufigkeiten der Jahre 2003 bis 2012. Nervenheilkunde 34:18–23.

Porath-Waller AJ, Beasley E, Beirness D (2010) A meta-analytic review of school-based prevention for cannabis use. Health Educ Behav 37:709–23.

Prochaska JO, Di Clemente CC (1986) Towards a comprehensive model of change. In: Miller WE, Heather N (Hrsg.) Treating Addictive Behaviors. Processes of Change. New York: Plenum. S. 3–27.

Reese A, Silbereisen RK (2001) Substanzgebrauch Jugendlicher: illegale Drogen und Alkohol. In: Oerter R, Montada L (Hrsg.) Entwicklungspsychologie. 4. Aufl. Weinheim: Beltz. S. 1054–66.

Rehbein F, Mößle T, Arnaud N, Rumpf HJ (2013) Computerspiel- und Internetsucht – Der aktuelle Forschungsstand. Nervenarzt 84:569–75.

Rehbein F, Kalke J, Bleckmann P, Rüdiger TG, Mößle T (2014) Verhältnisprävention bei stoffungebundenen Süchten. In: Mann K (Hrsg.) Verhaltenssüchte: Grundlagen, Diagnostik, Therapie, Prävention. Berlin: Springer. S. 155–76.

Rehm J, Marmet S, Anderson P, Gual A, Kraus L, Nutt DJ, Room R, Samokhvalov AV, Scafato E, Trapencieris M, Wiers RW, Gmel G (2013) Defining substance use disorders: do we really need more than heavy use? Alcohol Alcohol 48:633–40.

Remschmidt, H, Schmidt, MH, Poustka F (2017) Multiaxiales Klassifikationsschema für psychische Störungen des Kindes- und Jugendalters nach ICD-10 (7. Aufl.). Bern: Hogrefe.

Resch F, Parzer P (2014) Wie wichtig ist die Entwicklungspsychopathologie für die Psychotherapie bei Jugendlichen? Psychotherapeut 59:100–8.

Rhew IC, Fleming CB, Vander Stoep A, Nicodimos S, Zheng C, McCauley E (2017) Examination of cumulative effects of early adolescent depression on cannabis and alcohol use disorder in late adolescence in a community-based cohort. Addiction 112:1952–60.

Riper H, Andersson G, Christensen H, Cuijpers P, Lange A, Eysenbach G (2010) Theme issue on e-mental health: a growing field in internet research. J Med Internet Res 12:e74.

Rumpf HJ, Wohlert T, Freyer-Adam J, Grothues J, Bischof G (2013) Screening questionnaires for problem drinking in adolescents: performance of AUDIT, AUDIT-C, CRAFFT and POSIT. Eur Addict Res 19:121–7.

Rumpf HJ, Meyer C, Kreuzer A et al. (2011) Prävalenz der Internetabhängigkeit (PINTA). Forschungsbericht an das Bundesministerium für Gesundheit, Berlin.

Ryzin VMJ, Dishion TJ (2014) Adolescent deviant peer clustering as an amplifying mechanism underlying the progression from early substance use to late adolescent dependence. J of Child Psychol and Psych.

Sack PM, Zeichner D (2005) Bedeutung der Familie für Prävention und Frühintervention bei Suchterkrankungen. In: Thomasius R, Küstner UJ (Hrsg.) Familie und Sucht: Grundlagen, Therapiepraxis, Prävention. Stuttgart: Schattauer 249–58.

Sack PM, Thomasius R, Wiedenmann H (2004) Zur Effektivität von Familientherapien im Kontext von Drogenabhängigkeitserkrankungen bei Jugendlichen und jungen Erwachsenen. In: Thomasius R (Hrsg.) Familientherapeutische Frühbehandlung des Drogenmissbrauchs. Hamburg: Dr. Kovac. S. 39–67.

Sack PM, Krüger A (2009) Störungsspezifische diagnostische Verfahren. In: Thomasius R, Schulte-Markwort M, Küstner UJ, Riedesser P (Hrsg.) Handbuch der Suchtstörungen im Kindes- und Jugendalter. Stuttgart: Schattauer.

Saunders JB, Aasland OG, Babor TF, de la Fuente JR, Grant M (1993) Development of the Alcohol Use Disorders Identification Test (AUDIT): WHO Collaborative Project on Early Detection of Persons with Harmful Alcohol Consumption–II. Addiction 88:791–04.

Schneider S, Peters J, Bromberg U, Brassen S, Miedl SF, Banaschewski T, Barker GJ, Conrod P, Flor H, Garavan H, Heinz A, Ittermann B, Lathrop

M, Loth E, Mann K, Martinot JL, Nees F, Paus T, Rietschel M, Robbins TW, Smolka MN, Spanagel R, Ströhle A, Struve M, Schumann G, Büchel C; IMAGEN Consortium (2012) Risk taking and the adolescent reward system: a potential common link to substance abuse. Am J Psychiatry 169,39-46.

Schumacher J, Marthaler M (2017) Alkoholkonsum: Begriffe, Definitionen, Richtlinien und Empfehlungen. Suchtmagazin 4:14–17.

Self C, Morgan AC, Fuhrman NE, Navarro M (2013) An evaluation of the 4-H Health Rocks program: implications for program improvement. J Drug Educ 43:49–63.

Sheehan DV, Sheehan KH, Shytle RD (2010) Reliability and validity of the Mini International Neuropsychiatric Interview for Children and Adolescents (MINI-KID). J Clin Psychiatr 71:313–26.

Shingleton RM, Palfai TP (2016) Technology-delivered adaptations of motivational interviewing for health-related behaviors: a systematic review of the current research. Patient Educ Couns 99:17–35.

Silbereisen RK, Pinquart M (2005) Die entwicklungspsychopathologische Perspektive. In: Schlottke PF, Silbereisen RK, Schneider S, Lauth GW (Hrsg.) Störungen im Kindes undJugendalter – Grundlagen und Störungen im Entwicklungsverlauf. Göttingen: Hogrefe. S. 4–47.

Silbereisen RK, Weichold K (2007) Beziehungen des Substanzgebrauchs und –mißbrauchs zwischen Jugendlichen und Eltern. In: Mann K, Havemann-Reinecke U, Gassmann R (Hrsg.) Jugendliche und Suchtmittelkonsum. Trends – Grundlagen – Maßnahmen. Freiburg: Lambertus Verlag. S. 139–68.

Skärstrand E, Sundell K, Andréasson S (2013) Evaluation of a swedish version of the Strengthening Families Programme. Eur J Public Health 1:1.

Smit ES, Evers SM, de Vries H, Hoving C (2013) Cost-effectiveness and cost-utility of internet-based computer tailoring for smoking cessation. J Med Internet Res 15:e57.

Smit E, Verdurmen J, Monshouwer K, Smit F (2008) Family interventions and their effect on adolescent alcohol use in general populations: a meta-analysis of randomized controlled trials. Drug Alcohol Depend 97:195–06.

Spirito A, Monti PM, Barnett NP, Colby SM, Sindelar H, Rohsenow DJ, Lewander W, Myers M (2004) A randomized clinical trial of a brief motivational intervention for alcohol-positive adolescents treated in an emergency department. J Pediatr 145:396–02.

Spoth RL, Guyll M, Day SX (2002) Universal family-focused interventions in alcohol-use disorder prevention: Cost-effectiveness and cost-benefit analyses of two interventions. J Stud Alc 63:219–28.

Spoth RL, Lopez Reyes M, Redmond C, Shin C (1999) Assessing a public health approach to delay onset and progression of adolescent substance use: latent transition and log-linear analyses of longitudinal family preventive intervention outcomes. J Consult Clin Psychol 67:619–30.

Spoth RL, Redmond C, Shin C, Azevedo K (2004) Brief family intervention effects on adolescent substance initiation: School-level growth curve analysis 6 years following baseline. J Consult Clin Psychol 72:535–42.

Spoth RL, Redmond C, Shin C (2001) Randomized trial of brief family interventions for general populations: adolescent substance use outcomes 4 years following baseline. J Consult Clin Psychol 69:627–42.

Spoth RL, Trudeau L, Guyll M, Shin C, Redmond C (2009) Universal intervention effects on substance use among young adults mediated by delayed adolescent substance initiation. J Consult Clinl Psychol 77:620–32.

Spoth, RL, Trudeau LS, Redmond CR, Shin C, Greenberg MT, Feinberg ME, Hyun GH (2015) PROSPER Partnership Delivery System: effects on adolescent conduct problem behavior outcomes through 6.5 years past baseline. J Adolesc 45:44–55.

Stacy AW, Wiers RW (2010) Implicit cognition and addiction: a tool for explaining paradoxical behavior. Annu Rev Clin Psychol 6:551–75.

Statistisches Bundesamt. (https://www.destatis.de/DE/ZahlenFakten/Gesellschaft Staat/Gesundheit/Krankenhaeuser/Tabellen/DiagnoseAlkoholJahre.html, Zugriff am 08.02.2019).

Stockings E, Hall W, Lynskey M (2016) Prevention, early intervention, harm reduction, and treatment of substance use in young people. Lancet 3:280–96.

Stolle M, Sack PM, Thomasius R (2007) Drogenkonsum im Kindes- und Jugendalter: Früherkennung und Intervention. Dtsch Arztebl 104:2061–9.

Stolle M, Sack PM, Stappenbeck J, Thomasius R (2010) Familienbasierte Prävention bei Kindern und Jugendlichen. Das Strengthening Families Programm. Sucht 56:51–60.

Sundström C, Blankers M, Khadjesari Z (2017) Computer-based interventions for problematic alcohol use: a review of systematic reviews. Int J Behav Med 24:646–58.

Tait RJ, Christensen H (2010) Internet-based interventions for young people with problematic substance use: a systematic review. Med J Aust 192:15–21.

Tapert SF (2007) Substanzgebrauch und Gehirnfunktion bei Jugendlichen. In: Mann K, Havemann-Reinecke U, Gassmann R (Hrsg.) Jugendliche und Suchtmittelkonsum: Trends, Grundlagen, Maßnahmen. Freiburg: Lambertus. S. 58–76.

Tarter R, Vanyukov M, Giancola P, Dawes M, Blackson T, Mezzich A, Clark D (1999) Etiology of early onset substance use disorder: A maturational perspective. Dev Psychopathol 11:657–83.

Tarter RE, Vanyukov M, Kirisci L, Reynolds M, Clark DB (2006) Predictors of marijuana use in adolescents before and after licit drug use: examination of the gateway hypothesis. Am J Psychiatry 163:2134–40.

Tensil MD, Jonas B, Strüber E (2013) Two fully automated web-based interventions for risky alcohol use: randomized controlled trial. J Med Internet Res 15:e110.

Thomasius R, Jung M, Schulte-Markwort M (2003) Suchtstörungen. In: Herpertz–Dahlmann B, Resch F, Schulte-Markwort M, Warnke A (Hrsg.) Entwicklungspsychiatrie. Biopsychologische Grundlagen und die Entwicklung psychischer Störungen. Stuttgart: Schattauer. S. 693–726.

Thomasius R, Jung M, Schulte-Markwort M (2007) Suchtstörungen. In: Minde K, Sartorius N, Herpertz-Dahlmann B, Resch F, Schulte-Markwort M, Warnke A (Hrsg.) Entwicklungspsychiatrie. Biopsychologische Grundlagen und die Entwicklung psychischer Störungen. 2., vollst. überarb. u. erw. Aufl. 2007. Stuttgart: Schattauer. S. 885–918. (Mit freundlicher Genehmigung von Schattauer © J.G. Cotta'sche Buchhandlung Nachfolger GmbH, Stuttgart.)

Thomasius R, Sack PM, Arnaud N, Hoch E (2016) Behandlung alkoholbezogener Störungen bei Kindern und Jugendlichen: Altersspezifische Empfehlungen der neuen interdisziplinären S3-Leitlinie. Z Kinder Jugendpsychiatr Psychother 44:295–05.

Thomasius R, Bilke-Hentsch O, Geyer D, Lieb B, Reis O, Sack PM, Scherbaum N, Stappenbeck J, Vogt I, Winkler K, Wolter D, Mann K, Hoch E (2016) Alters- und geschlechtspezifische Populationen. In: Mann K, Hoch E, Batra A (Hrsg.) S3-Leitlinie Screening, Diagnose und Behandlung alkoholbezogener Störungen Berlin, Springer. S. 128–29.

Thomasius R, Aden A, Arnaud N (2015) Sucht: Substanzmissbrauch und nichtstoffgebundene Abhängigkeitserkrankungen. In: Lehmkuhl G, Resch F, Herpertz SC (Hrsg.) Psychotherapie des jungen Erwachsenenalters. Basiswissen für die Praxis und störungsspezifisches Behandlungsansätze. Stuttgart: Kohlhammer. S. 280–301.

Thomasius R, Heinz A, Detert S, Arnaud N (2017) Prävention von Alkohol- und Drogenabhängigkeit. In: Klosterkötter J, Maier W (Hrsg.) Handbuch präventive Psychiatrie: Forschung – Lehre – Versorgung. 1. Aufl. Stuttgart: Schattauer. S. 285–318.

Thomasius R, Sack PM, Strittmacher E, Kaess M (2014) Substanzgebrauchsstörung und nicht-substanzgebundene Süchte im DSM-5: DSM-5 Kommentar. Z Kinder Jugendpsychiatr Psychother 42:115–20.

Thomasius R (2009) Therapieprinzipien. In: Thomasius R, Schulte-Markwort M, Küstner UJ, Riedesser P (Hrsg.) Suchtstörungen im Kindes- und Jugendalter. Das Handbuch: Grundlagen und Praxis. Stuttgart: Schattauer. S. 211–221 (Mit freundlicher Genehmigung von Schattauer © J.G. Cotta'sche Buchhandlung Nachfolger GmbH, Stuttgart.).

Thomasius R, Stolle M, Sack PM (2009) Entwicklungspsychopathologisches Modell. In: Thomasius R, Schulte-Markwort M, Küstner U, Riedesser P (Hrsg.) Handbuch der Suchtstörungen im Kindes- und Jugendalter. Schattauer: Stuttgart. S. 139–46.

Thomasius R, Stolle M (2009) Postakutbehandlung. In: Thomasius R, Schulte-Markwort M, Küstner UJ, Riedesser P (Hrsg.) Suchtstörungen im Kindes- und Jugendalter. Stuttgart: Schattauer. S. 244–59.

Thomasius R (2005) Störungen durch psychotrope Substanzen. In: Schlottke PF, Silbereisen RK, Schneider S, Lauth G (Hrsg.) Enzyklopädie der Psychologie, Serie II: Klinische Psychologie, Bd. 5: Störungen im Kindes- und Jugendalter. Göttingen: Hogrefe. S. 945–1010.

Thomasius R, Thoms E, Melchers P, Roosen-Runge G, Schimansky G, Bilke-Hentsch O, Reis O (2012) Anforderungen an die qualifizierte Entzugsbehandlung bei Kindern und Jugendlichen. Stellungnahme der Gemeinsamen Suchtkommission der kinder- und jugendpsychiatrischen Fachgesellschaften Deutsche Gesellschaft für Kinder- und Jugendpsychiatrie, Psychosomatik und Psychotherapie (DGKJP), Bundes-arbeitsgemeinschaft der leitenden Ärzte für Kinder- und Jugend-psychiatrie, Psychosomatik und Psychotherapie (BAG) Berufsverband der Ärzte für Kinder- und Jugendpsychiatrie, Psychosomatik und Psychotherapie (BKJPP). (http://www.dgkjp.de/images/files/stellungnahmen/2013/stn-2012-04-13-QE%20bei%20Kindern%20und%20Jugendlichen-dgkjp-bag-bkjpp.pdf, Zugriff am 08.02.2019).

Tossmann HP, Jonas B, Tensil MD, Lang P, Strüber E (2011) A controlled trial of an internet-based intervention program for cannabis users. Cyberpsychol Behav Soc Netw 14:673–79.

Tossmann P, Kasten L, Lang P, Strüber E (2009a) CRAFFT-d – CRAFFT – deutsche Fassung [Fragebogen]. In: Leibniz-Zentrum für Psychologische Information und Dokumentation (ZPID) (Hrsg.), Elektronisches Testarchiv (PSYNDEX Tests-Nr. 9006232). Trier: ZPID. https://doi.org/10.23668/psycharchives.406.

Tossmann HP, Kasten L, Lang P, Strüber E (2009b) Bestimmung der konkurrenten Validität des CRAFFT-d: Ein Screeninginstrument für problematischen Alkoholkonsum bei Jugendlichen. Z Kinder Jugendpsychiatr Psychother 37:451–9.

Tretter F, Müller A (2001) Grundaspekte der Sucht. In: Tretter F, Müller A (Hrsg.) Psychologische Therapie der Sucht. Göttingen: Hogrefe. S. 17–32.

Unnewehr S, Schneider S, Margraf J (2013) Kinder-DIPS: Diagnostisches Interview bei psychischen Störungen im Kindes- und Jugendalter. Berlin: Springer.

Van Ryzin MJ, Roseth CJ, Fosco GM, Lee YK, Chen IC (2016) A component-centered meta-analysis of family-based prevention programs for adolescent substance use. Clin Psychol Rev 45:72–80.

Varvil-Weld L, Crowley DM, Turrisi R, Greenberg M, Mallett KA (2014) Hurting, helping, or neutral? The effects of parental permissiveness toward adolescent drinking on college student alcohol use and problems. Prev Sci 15:716–24.

Vimpani G (2005) Getting the mix right: family, community and social policy interventions to improve outcomes for young people at risk of substance misuse. Drug Alcohol Rev 24:111-125.

Voogt C, Kuntsche E, Kleinjan M, Poelen E, Engels R (2014) Using ecological momentary assessment to test the effectiveness of a web-based brief alcohol intervention over time among heavy-drinking students: randomized controlled trial. J Med Internet Res 16:e5.

Wagner EF, Tarolla SM (2002) Course and outcome. In: Essau CA (Hrsg.) Substance abuse and dependence in adolescence. Hove UK: Brunner-Routledge. S. 119–42.

Walden K, Kröger C, Kutzka R, Kirmes J (1998) ALF – Allgemeine Lebenskompetenzen und Fertigkeiten. Programm für Schüler und Schülerinnen der 5. Klasse mit Informationen zu Nikotin und Alkohol. Hohengehren: Schneider.

Walter J, Hümpel A (2016) Einführung in die Epigenetik. In: Heil R, Seitz SB, König H, Robienski J (Hrsg.) Epigenetik: Ethische, rechtliche und soziale Aspekte. Heidelberg: Springer. S. 15–33.

Wartberg L, Brunner R, Kriston L, Durkee T, Parzer P, Fischer-Waldschmidt G, Kaess, M (2016) Psychopathological factors associated with problematic alcohol and problematic Internet use in a sample of adolescents in Germany. Psychiatry Res 240:272–77.

Wartberg L, Kriston L, Thomasius R (2017) The prevalence and psychosocial correlates of Internet gaming disorder – analysis in a nationally representative sample of 12- to 25-year-olds. Dtsch Arztebl Int 114:419–24.

Wartberg L, Sack PM, Thoms E, Möller C, Stolle M, Thomasius R (2009) Stationäre Kinder- und Jugendpsychiatrie sowie Psychotherapie bei substanzabhängigen Jungen und Mädchen. Psychotherapeut 54:193–98.

Weichold K (2008) Aufwachsen mit psychotropen Substanzen: Entwicklungspsychologische Risiken. In: Klein M (Hrsg.) Kinder und Suchtgefahren: Risiken, Prävention, Hilfe. Stuttgart: Schattauer. S. 81–88.

Weichold K, Bühler A, Silbereisen RK (2008) Konsum von Alkohol und illegalen Drogen im Jugendalter. In: Silbereisen RK, Hasselhorn M (Hrsg.) Enzyklopädie der Psychologie: Themenbereich C Theorie und Forschung, Serie V Entwicklungspsychologie, Band 5 Entwicklungspsychologie des Jugendalters. Göttingen: Hogrefe. S. 537–586.

Weichold K, Silbereisen RK (2014) Suchtprävention in der Schule: IPSY – Ein Lebenskompetenzprogramm für die Klassenstufen 5-7. Göttingen: Hogrefe.

Weinstein AM, Miller H, Bluvstein I (2014) Treatment of cannabis dependence using escitalopram in combination with cognitive-behavior therapy: a double-blind placebo-controlled study. Am J Drug Alcohol Abuse 40:16–22.

Whiteford HA, Degenhardt L, Rehm J, Baxter AJ, Ferrari AJ, Erskine HE, Charlson FJ, Norman RE, Flaxman AD, Johns N, Burstein R, Murray CJ, Vos T (2013) Global Burden of Disease attributable to mental and substance use disorders: findings from the Global Burden of Disease Study 2010. Lancet 382:1575–86.

World Health Organization (2018) ICD-11 for Mortality and Morbidity Statistics. (https://icd.who.int/browse11/l-m/en#/http://id.who.int/icd/entity/1448597234, Zugriff am 08.02.2019).

Wiers RW, Gladwin TE, Hofmann W (2013) Cognitive bias modification and cognitive control training in addiction and related psychopathology: mechanisms, clinical perspectives, and ways forward. Clin Psychol Sci 1:192–212.

Wiebe SA, Fang H, Johnson C (2014) Determining the impact of prenatal tobacco exposure on self-regulation at 6 months. Dev Psychol 50:1746–56

Winters KC, Martin CS, Chung T (2011) Substance use disorders in DSM-V when applied to adolescents. Addiction 106:882–84.

Winters KC, Stinchfield R, Latimer WW, Lee S (2007) Long-term outcome of substance dependent youth following 12-step treatment. J Subst Abuse Tret 33:61–69.

Winters KC, Fahnhorst T (2005) Assessment issues in adolescent drug abuse treatment research. Recent Dev Alcohol 17:407–25.

Wittchen HU, Jacobi F, Rehm J, Gustavson A, Svensson M, Jonsson B, Oleson J, Allgulander C, Alonso J, Faravelli C, Fratiglioni L, Jennum P, Lieb R, Maerker A, van OJ, Preisig M, Salvador-Carulla L, Simon R, Steinhausen HC (2011) The size and burden of mental disorders and other disorders of the brain in Europe 2010. Eur Neuropsychopharmacol 21:655–79.

Wittchen HU, Behrendt S, Höfler M (2008) What are the high risk periods for incident substance use and transitions to abuse and dependence? Implications for early intervention and prevention. Int J Methods Psychiatr Res 17:16–29.

Wittchen HU, Wunderlich U, Gruschwitz S, Zaudig M (1997) Strukturiertes Klinisches Interview für DSM-IV Achse I: Psychische Störungen. Interviewheft. Göttingern: Hogrefe.

Wu G, Feder A, Cohen H (2013) Understanding resilience. Front Behav Neurosci 15:7–10.

Ystrom E, Kendler KS, Reichborn-Kjennerud T (2014) Early age of alcohol initiation is not the cause of alcohol use disorders in adulthood, but is a major indicator of genetic risk. a population-based twin study. Addiction 109:1824–32.

Zeiher J, Lange C, Starker A, Lampert T, Kuntz B (2018) Tabak- und Alkoholkonsum bei 11- bis 17-Jährigen in Deutschland – Querschnittergebnisse aus KiGGS Welle 2 und Trends. J Health Monitoring 3:23–44.

Zobel M (2006) Kinder aus alkoholbelasteten Familien. Entwicklungsrisiken und -chancen. Göttingen: Hogrefe.

Sachwortregister

A

Abstinenz 20, 25, 58, 61, 86, 92, 103, 107, 118, 120 f.
Achtsamkeit 153
Alkoholkonsum 30 f., 67, 69, 77, 137
– Alkoholentzugssyndrom 95, 120
– Alkoholkonsumstörungen 150
– binge-drinking 140
– riskanter 32
Amphetamin 33 f., 41
– Amphetaminentzug 121
Ätiologie 14, 61, 64, 76, 131

B

Behandlung 16, 56, 58, 81, 97, 99, 102, 114, 153
– Akutbehandlung 103, 107
– Behandlungserfolg 58 f., 107, 114, 117
– Behandlungsplanung 92, 114
– Postakutbehandlung 103

C

Cannabis 23, 33, 35, 42, 45
– cannabisbezogene Störungen 36
– Cannabisentzugssyndrom 120
Crystal Meth 33

D

Diagnostik 53, 81, 86
– Differenzialdiagnostik 92
DSM-5 39, 81

E

Ecstasy 33, 94
Entwicklungsaufgaben 47 f., 65, 111
Epidemiologie 26, 35, 38
Epigenetik 72

F

Familientherapie 102, 111–113, 116

G

Genetik 72
– genetische Faktoren 65, 68
Glücksspiel 37
– Glücksspielsucht 38, 83, 145

H

Halluzinogene 40 f., 121
Heroin 33 f.
Heterotypische Kontinuität 62

I

ICD
– Abhängigkeitssyndrom 22, 83
– Gaming disorder 83
– ICD-10 81
– ICD-11 81
– Schädlicher Gebrauch 22, 83
Illegale Drogen 113, 127, 130, 132
Internetsucht 37 f.
– Internet Gaming Disorder 39, 83

181

K

Kokain   33, 73, 121
Komorbidität   59 f., 114, 118
- Angststörung   60
- depressive Störungen   43, 45, 61, 118
- Impulskontrollstörung   60
- komorbide psychische Störung   17, 92, 103
- Persönlichkeitsstörung   60

M

Motivation   57, 109, 115
Motivierende Gesprächsführung   108, 110

P

Prävalenz   26, 29, 35, 103
- 12-Monats-   28, 35
- 30-Tage-   28, 47
- Lebenszeit-   28
Prävention   124, 141, 148, 152
- indizierte   108, 128, 138, 148
- selektive   125, 128, 134
- universelle   125, 127
Psychose   44, 60, 85, 99
- drogeninduziert   85

Q

Qualifizierte Entzugsbehandlung   16, 103, 114–116

R

Rehabilitation   103, 106, 115, 154, 156
Resilienz   76, 79, 130
Risikofaktor   61, 64, 70, 76, 78 f.

S

Schutzfaktor   67, 71
Screening   53
- AUDIT   32, 52 f.
- CRAFFT   52
Sedativa   40 f.
Stimulanzien   22, 24, 40 f., 94
Substanzbezogene Störungen   82
Substanzinduzierte Störungen   85, 92

V

Vulnerabilität   46, 65, 76, 87